Christina Lange-Horn · Michael Horn

ZEITREISE
DURCH
SÜDHESSEN

Ausflüge in die Vergangenheit

Wartberg Verlag

Fotonachweis:

Kartengrundlage für die Detailkarten: Hessen 1:200.00 (E200) mit Genehmigung des Hessischen Landesvermessungsamtes vervielfältigt. Vervielfältigungsnummer 96-1-158

Horn S. 6, 21,79; Lange-Horn S. 22, 24, 25, 41, 53, 74, 75; Senckenbergische Naturforschende Gesellschaft (Foto Haupt) S. 7; Landesamt für Denkmalpflege, Wiesbaden S. 9, 12, 13; Ruhrgas AG S. 11; Verwaltung der Staatlichen Schlösser und Gärten Hessen, Museumszentrum Lorsch S. 13, 16, 17; Bayerische Verwaltung der staatlichen Schlösser, Gärten und Seen S. 14; asb baudat Bensheim S. 16; Verkehrsbüro der Stadt Seligenstadt S. 18, 19; Kunsthistorisches Museum Wien S. 23; Guido Schiek, Otzberg S. 28; Stadt Babenhausen S. 30 (Horlebein), 31 (Diehl); Stadt Groß-Umstadt (Guido Schiek, Otzberg) S. 33; Stadt Hirschhorn S. 35; Stadt Neckarsteinach S. 36, 37; Hubert Eichner, Fränkisch-Crumbach S. 38; Stadt Breuberg S. 42, 43; Landes- und Hochschulbibliothek Darmstadt S. 44, 74 unten; Stadt Zwingenberg S. 46, 47; Bildarchiv Preußischer Kulturbesitz Berlin 1996 S. 48, 70; Archiv Darmstädter Echo S. 52 unten, 63, 64 oben, 68, 76 oben, 80, 84, 85; Heimatmuseum Erfelden S. 52 oben; Stadt Offenbach S. 54;Stadtarchiv Offenbach S. 55; Stadt Heusenstamm S. 56, 57; Deutsches Elfenbeinmuseum Erbach S. 58, 59 unten; Stadt Ober-Ramstadt S. 62; Stadt Heppenheim S. 69; Stadt Darmstadt S. 76 unten, 77; Stadtarchiv Darmstadt S. 78; Zeppelinmuseum Neu-Isenburg S. 81; Rolf Wagner, Wartberg Verlag, Gudensberg S. 15, 20, 26, 27, 29, 39, 40, 45, 49, 50, 51, 59 oben, 60, 61, 64 unten, 65, 67, 71, 72, 73, 82, 83.

Quellenhinweis:

Die Beiträge „Ein fürstliches Hochzeitsgeschenk: Schloß Lichtenberg“, „Ein Friedhof für 29 Gemeinden: Der Alsbacher Judenfriedhof“ sowie „Patton überquert den Rhein: Das Kriegsende in Südhessen“ sind in leicht veränderter Form bereits im „Darmstädter Echo“ erschienen.

1. Auflage 1996

Druck: Bernecker, Melsungen
Buchbinderische Verarbeitung: Hollmann, Darmstadt
Umschlaggestaltung: Norbert Städele

34281 Gudensberg-Gleichen, Im Wiesental 1, Tel. 05603 / 4451 u. 2030
ISBN 3-86134-330-4

INHALT

Vorwort

„Der schönste, reichste, beste und wahrste Roman, den ich je gelesen, ist die Geschichte“, hat der Dichter Jean Paul geschrieben. Daß die Beschäftigung mit der Vergangenheit spannend sein kann, soll auch dieses Buch beweisen. Immer dann nämlich, wenn sich Geschichte an konkreten Dingen orientiert, wird sie auch für das Publikum außerhalb der universitären Hörsäle im wahrsten Sinne begreifbar.

Deshalb wollen wir Sie zu einer Reise durch Zeit und Raum einladen. Der Raum, das ist das Gebiet südlich des Mains, das heute als Südhessen bezeichnet wird. Die Zeit, das sind die Jahrtausende, in denen Menschen in dieser Landschaft Spuren hinterließen, die wir heute noch lesen können. Wir wagen jedoch auch einen Abstecher in eine Zeit, die für uns alle unvorstellbar lange zurückliegt – in die Erdneuzeit vor 50 Millionen Jahren, als es die Welt, wie wir sie kennen, noch nicht gab.

Wir wollen Ihnen berichten, wie die Menschen in dieser Region lebten, und wie Südhessen zu dem wurde, was es heute ist. Dazu haben wir eine Reihe von Städten und Dörfern ausgewählt. Manche von ihnen waren Bühne großer Geschichte, andere nur Schauplatz kleiner Histörchen. Als der erste Salier 1024 im hessischen Ried zum König gewählt wurde, begann dort einer der wichtigsten Abschnitte mittelalterlicher europäischer Geschichte. Die Einführung der Elfenbeinschnitzerei im Odenwald hingegen war kaum von größerer politischer Bedeutung, sicherte den Menschen dort aber ein bescheidenes Einkommen und prägte so die Entwicklung dieser Region. Die ehemalige Abtei Lorsch und die Fossilienfundstätte Messel sind weithin bekannt und inzwischen als Weltkulturerbe geschützt. Das Denkmal für den Rheinübergang König Gustav Adolfs hingegen oder die spätrömische Schiffslände Zullestein sind oft nur Eingeweihten bekannt. Und wer kennt schon die Entstehungsgeschichte der Riedgemeinden Allmendfeld, Hessenaue und Riedrode? Hier wurde die von den Nationalsozialisten propagierte „Erzeugungsschlacht“ geschlagen.

Wenn dieses Buch als „Zeitreise“ betitelt ist, so deshalb, weil wir damit die Hoffnung verbinden, daß Sie es nicht bei der Lektüre im heimischen Sessel belassen, sondern die beschriebenen Orte auf den Spuren der Geschichte auch besuchen. Deshalb haben wir die historische Darstellung um allgemeine Hinweise und touristische Tips ergänzt. Und natürlich gibt es in Südhessen vieles mehr zu entdecken als nur die Überreste der Vergangenheit – Landschaft und Küche zum Beispiel. Wer unserer „Zeitreise“ folgt, erkennt rasch, daß das moderne Südhessen früher alles andere als ein homogenes Gebilde war. Die Zerrissenheit über Jahrhunderte ist noch heute spürbar. Wir wünschen Ihnen viel Vergnügen beim Lesen und Entdecken!

Daten aus der Geschichte:

3 Mrd. – 570 Mill. v. Chr.: (Präkambrium) Erdfrühzeit, erste Formen von Algen und Quallen.

570 Mill. – 225 Mill. v. Chr.: Erdaltertum (Paläozoikum), Entwicklung einer reichen Meeresfauna, zahlreiche Amphibien, erste Reptilien, baumförmige Farne.

225 Mill. – 67 Mill. v. Chr.: Erdmittelalter (Mesozoikum), Zeitalter der Dinosaurier und Flugsaurier.

seit 67 Mill.: Erdneuzeit (Neozoikum), Entwicklung von Vögeln und Säugetieren, vor etwa 1,5 Mill. Jahren Auftreten der ersten Menschen.

Vergleichbares aus der Region:

Das Hessische Landesmuseum in Darmstadt und das Senckenberg-Museum in Frankfurt besitzen umfangreiche Sammlungen von Fossilien aus Messel.

Die Vorzeit

Wie sah Europa vor 50 Millionen Jahren aus? Genau wissen wir das nicht, aber eines ist ziemlich sicher: Ähnlichkeiten mit dem Kontinent, den wir kennen, gibt es kaum. Europa war eine Inselwelt. Von Norden her reichte die Urnordsee bis in die Gegend von Paris, und vom Mittelmeer schob sich ein Wasserarm weit ins Land hinein. Das mächtige Alpenmassiv existierte noch nicht, sondern begann gerade erst, sich allmählich unter dem Druck, den der afrikanisch-arabische Kontinent auf die europäische Kontinentalplatte ausübte, aufzufalten. An der Südküste Europas herrschten subtropische Verhältnisse und auch in Hessen – das es damals natürlich noch nicht gab – war es erheblich wärmer als heute. Das Gebiet lag mehr als zehn Breitengrade weiter südlich, etwa auf der Höhe des heutigen Neapel.

Die Geologen bezeichnen jene Zeit als Eozän. Der Name geht auf die griechische Göttin der Morgenröte zurück – Eos. Das Eozän ist Teil der sogenannten Erdneuzeit, die vor 67 Millionen Jahren begann. Es ist eine Zeit des Übergangs, was sich vor allem in der Zusammensetzung der Tier- und Pflanzenwelt bemerkbar macht. Neben die Arten des Erdmittelalters - von denen sich Schuppentier und Ameisenbär als „lebende Fossilien" bis in die Gegenwart erhalten haben – traten eine Fülle von Säugetieren unterschiedlichster Art. Die bekanntesten Tiere der Vorzeit, die Dinosaurier, waren damals aber schon längst ausgestorben.

KUX-SCHEIN

No. 539

über

EINEN KUX

der in

tausend Kuxe eingetheilten Gewerkschaft

MESSEL

in der Gemarkung

Spachbrücken und der Zeilharder Waldgemarkung, Grossherzogthum Hessen.

Als Eigenthümer dieses im Gewerkenbuche unter No. 539 verzeichneten Kux-Antheils ist

Herr Louis Ritter von Marx

zu Frankfurt a. M. eingetragen.

GRUBE MESSEL, den 31ten Juli 1884

Der Aufsichtsrath. Der Repräsentant.

Ein Anteilschein der Gewerkschaft Messel

Südhessen vor 50 Millionen Jahren: Bei Messel trabt das Urpferdchen

Unweit der kleinen Gemeinde Messel erstreckte sich vor 50 Millionen Jahren ein tiefer See. Wie er entstanden ist – vielleicht als Arm eines weit verzweigten Flußsystems oder Teil eines größeren Sees – darüber streiten die Forscher. Sicher ist nur, daß sich auf dem Seegrund im Laufe der Jahre viele Tierkadaver sammelten. Algen, die im feuchtwarmen Klima prächtig gediehen, entzogen dem Wasser Sauerstoff. Dies führte dazu, daß die herabgesunkenen Körper nicht verwesten. Tonerde, die vom Wind oder durch Zuflüsse in den See getragen wurde, bildete eine dicke Schicht von Faulschlamm, die sich unter ihrem eigenen Gewicht zusammenpreßte. Später trocknete der See aus und hinterließ eine bis zu 190 Meter dicke Sedimentschicht, die Bitumen enthält und deshalb als Ölschiefer bezeichnet wird.

Jahrmillionen schlummerte dieser Schatz unter Tage. Erst Mitte des vergangenen Jahrhunderts stieß man zufällig auf das Messeler Gestein. Wie überall in Europa

Das Messeler Urpferdchen „Propalaeotherium parvulum"

suchte man auch im jungen Großherzogtum Hessen nach Möglichkeiten, die industrielle Entwicklung voranzutreiben. Die Ausbeutung von Bodenschätzen schien dazu geeignet. Am 24. Juni 1884 wurde die Gewerkschaft Messel gegründet, die die Abbaurechte an der Grube besaß. Der Ölschiefer wurde im Tagebau abgebaut und in großen Öfen verschwelt. Zwischen 1888 und 1962 wurde aus 20 Millionen Tonnen Gestein etwa eine Million Tonnen Mineralöl gewonnen. Weitere Produkte waren Teer und Paraffin.
Fortan wurde die Grube Messel zum Anziehungspunkt für Paläontologen. Bereits 1876 waren die Überreste eines Alligators gefunden worden, und auch später stießen Arbeiter immer wieder auf gut erhaltene Fossilien. Zum Ärgernis für die Wissenschaftler wurden bald die Scharen von Hobbygräbern, die auf der Suche nach Wertvollem in die Grube strömten. Sie suchten vor allem nach „Propalaeotherium parvulum", dem foxterriergroßen Urpferdchen, das vor Jahrmillionen durch die Wälder bei Messel trabte. Mehr als siebzig Exemplare dieser Art und des etwas größeren, etwa schäferhundgroßen „Propalaeotherium hassiacum" sind seit 1911 gefunden worden.
Schon bald gab es aber erste Überlegungen zur Nutzung des Geländes. 1971 entstand die Idee, die Grube mit Hausmüll zu verfüllen. Dagegen formierte sich der Widerstand. Anfang 1990 erklärte die hessische Landesregierung den endgültigen Verzicht auf ihre Pläne. Eine Fledermaus aus Messel schmückt inzwischen eine Briefmarke und flog im Frühjahr 1993 mit der D2-Mission in den Weltraum. Seit Ende 1995 steht die Grube Messel auf der Unesco-Liste des Weltkultur- und Naturerbes.

Touristische Tips:

Das Messeler Heimatmuseum im Alten Rathaus des Dorfes zeigt Fossilien aus der Grube und eine Sammlung zur Industriegeschichte des Ölschieferabbaus. Der Heimatverein organisiert Führungen in die Grube, die sonst nicht betreten werden kann. Von einer Plattform am Grubenrand aus ist der Blick in die Tiefe möglich.

Information:

Gemeindeverwaltung Messel, Kohlweg 15, 64409 Messel, Telefon 06159/256

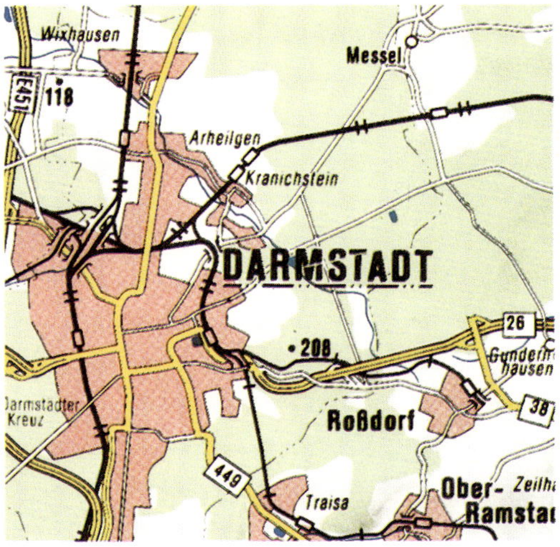

Daten aus der Geschichte:

Gegen Ende des 1. Jhs. n. Chr.: Bau eines römischen Kastells in der Gemarkung „Auf Esch"; daneben entwickelt sich eine Zivilsiedlung, das Lagerdorf.

Um 120 n. Chr.: Vollendung des Limes. Das Römische Reich erreicht seine größte Ausdehnung.

Um 120/130 n. Chr.: Aufgabe des Kastells; die Zivilsiedlung besteht weiter.

138–161 n. Chr.: Unter Kaiser Antoninus Pius erlebt das Römische Reich eine Friedensperiode.

2. Hälfte des 2. Jhs. n. Chr.: Gründung des Mithrasheiligtums.

260 n. Chr.: Die Alamannen durchbrechen den Limes. Die Völkerwanderung beginnt.

260 n. Chr.: Vermutliche Aufgabe von Zivilsiedlung und Mithrasheiligtum unter dem Ansturm der Germanen.

Die Römer

Germanien geriet erstmals in das Blickfeld der Römer, als Gaius Julius Caesar während seiner Eroberung Galliens bis an den Rhein vorstieß. Eine nennenswerte römische militärische Präsenz am Rhein gab es zunächst allerdings nicht. Das änderte sich erst, als germanische Stämme von rechts des Rheins immer häufiger Einfälle über den Rhein unternahmen. Verschiedene Militäraktionen geboten diesem Treiben Einhalt. Nach und nach wurde auf dem rechten Ufer ein römisches Einflußgebiet gesichert. Von dem starken Mainzer Brückenkopf um Wiesbaden ausgehend, gerieten so der Rheingau und die Wetterau in römische Hand. Außerdem zählten der östliche Oberrheingraben (etwa die heutigen Landkreise Groß-Gerau und Bergstraße) und die Ebene zwischen Main und Odenwald (die heutigen Landkreise Offenbach und Darmstadt-Dieburg) zur römischen Einflußsphäre. 85 n. Chr. wurde am Niederrhein die Provinz Germania inferior gegründet, fünf Jahre später die Provinz Germania superior mit der Hauptstadt Mainz. Die Anlage des obergermanischen Limes, einer breiten Grenzbefestigung, vollendete das Werk: Sie sicherte das rechtsrheinische Grenzgebiet der Provinz gegen germanische Überfälle. Zwischen den Jahren 148 und 161 wurde diese Grenze noch einmal um 20 bis 30 Kilometer vorverlegt.
Nach der Einrichtung der römischen Provinzen erlebte Germanien eine über hundert Jahre währende Zeit des Friedens und der wirtschaftlichen Blüte. Sie endete abrupt, als der germanische Stammesverband der Alemannen 260 den Limes überrannte. Mit Mühe gelang es den Römern, wenigstens die Rheingrenze zu sichern. Obwohl das rechtsrheinische Gebiet nun außerhalb des Römischen Reichs lag, gehörte es weiterhin zur römischen Einflußzone. Auf diese erhob noch einmal Kaiser Valentinian I. (364-375) nachdrücklich Anspruch, indem er auf dem rechten Rheinufer befestigte Schiffslandeplätze, die Schiffsländen, anlegen ließ. Das war aber nicht mehr als ein letztes Aufbäumen des Römischen Reichs. In der Neujahrsnacht von 406 auf 407 überschritten Wandalen, Alanen und Sueben den Rhein und besiegelten das Ende der römischen Herrschaft in Germanien.

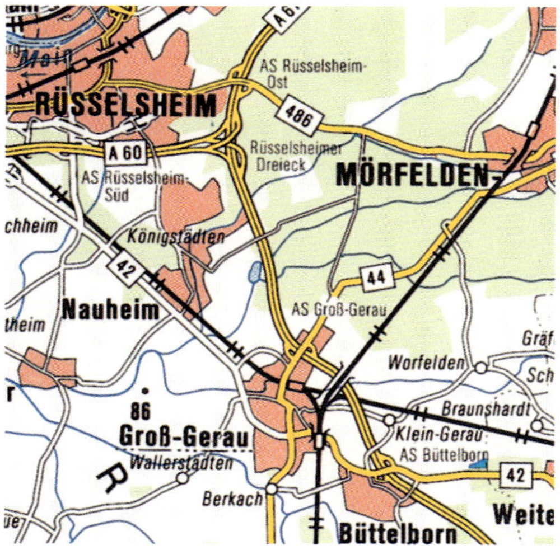

Fremde Gottheiten im Römischen Reich: Wie Mithras und Merkur zusammenkamen

Versetzen wir uns in die Spätantike und machen wir einen Spaziergang durch ein römisches Kastell, irgendwo in dem riesigen Römischen Reich. Latein ist die Muttersprache der wenigsten Legionäre, im Lager herrscht ein geradezu babylonisches Sprachengewirr. Ein Blick in die Unterkünfte bestätigt den ersten Eindruck: Hochgewachsene, blonde Germanen mit heller Haut leben dort ebenso wie kleine, dunkelhäutige und -haarige Soldaten aus den östlichen und südlichen Teilen des Reiches. Wie können Menschen so unterschiedlicher Herkunft und mit ganz unterschiedlichen

Traditionen und Vorstellungen auf eine gemeinsame Sache, nämlich das Römische Reich, verpflichtet werden?

Das römische Rezept für die Lösung dieses kniffligen Problems wirkt zunächst paradox: Es verlangte Unterwerfung unter die römische Staatsreligion und tolerierte gleichzeitig eine Vielzahl anderer Religionen. Eine der beliebtesten Religionen unter den Legionären des Römischen Heers war der Kult des ursprünglich iranischen Lichtgottes Mithras. Seine Kultstätten, die sogenannten Mithräen, sind überall dort zu finden, wo einst römische Soldaten stationiert gewesen sind. Auch im zivilen Lagerdorf des römischen Kastells „Auf Esch" in Groß-Gerau wurden die Reste eines solchen Heiligtums ausgegraben.

Der langgestreckte Raum war halb in die Erde eingetieft; von außen war nur der oberirdische Teil, ein flacher Holzbau, zu sehen. Über einige Stufen gelangten die Gläubigen, ausschließlich Männer, in das höhlenartige Heiligtum. Eng war es dort und dunkel. Rechts und links eines gut zwei Meter breiten Mittelgangs zogen sich Podien hin, auf denen die Teilnehmer bei der Kulthandlung Platz nahmen. Insgesamt war der Bau 12 Meter lang, rechnet man den Vorraum mit dem Treppenabgang hinzu, sogar rund 17 Meter. Von der einstigen Ausstattung des Mithräums sind nur wenige, aber charakteristische Stücke erhalten.

Merkur, Löwe und Altarstein aus dem Mithrasheiligtum

Eine Statue des Gottes Merkur, ein liegender Löwe und ein Altarstein sind alles, was die Zeitläufte überdauert hat. Obwohl kein Bildnis des Gottes Mithras dabei ist, erkennen Kenner in diesen Ausstattungsstücken sofort Bestandteile des Mithraskultes. Die Anhänger des Gottes gehörten sieben verschiedenen Weihegraden an; es galt, auf dem Weg zur Erlösung vom niedrigsten zum höchsten aufzusteigen. Jedem Grad war ein Planet des antiken Sternensystems zugeordnet, der wiederum durch einzelne Götter, Elemente oder andere Attribute dargestellt wurde. Die Merkurstatue, in der Nähe des Eingangs gefunden, wurde von einem Mithrasanhänger des ersten Weihegrads gestiftet. Der tiefer im Gebäudeinneren aufgefundene Löwe symbolisiert den vierten Weihegrad.

Dank der Weiheeinschrift auf der Merkurstatue kennen wir einen der Mithrasanhänger ein bißchen genauer. Sein Name war Aulus Ibliomarius Placidus. Der Familienname Ibliomarius weist ihn als Angehörigen des keltischen Volks der Treverer aus, die in der Gegend von Trier siedelten. Wie viele andere Treverer war auch er Kaufmann, nämlich „negotiator lanius": Er handelte mit Fleischwaren. Merkur hatte für ihn eine doppelte Bedeutung. Er symbolisierte einerseits seine Aufnahme in den Kreis der Mithrasanhänger; andererseits galt Merkur im römischen Götterhimmel als Schutzgott der Kaufleute. Sein Attribut ist auch im Groß-Gerauer Mithräum der prall gefüllte Geldbeutel.

Vergleichbares aus der Region:

In Dieburg wurde ein weiteres Mithräum gefunden.

Touristische Tips:

Ein Teil der Kastellumwehrung ist im Fasaneriepark (an der B 44) durch einen Graben und eine Hecke angedeutet.
Hübsche Fachwerkhäuser im Zentrum der Stadt, das Stadtmuseum am Marktplatz und das Handwerksmuseum am Sandböhl machen einen Besuch lohnenswert.

Information:

Stadtverwaltung Groß-Gerau, Am Marktplatz, 64521 Groß-Gerau, Telefon 06152/716-0.

Daten aus der Geschichte:

Ca. 90 n. Chr.: Die Gegend um Hummetroth kommt unter römische Herrschaft.

Ca. 100 n. Chr: Der Odenwaldlimes wird angelegt.

Um 120 n. Chr.: Der Limes ist vollendet. Das Römische Reich erreicht seine größte Ausdehnung.

159 n. Chr.: Der Odenwaldlimes wird an den Main vorgeschoben.

Mitte des 2. Jhs. n. Chr.: Die villa rustica Haselburg entsteht in etwa 15 Kilometer Entfernung zur Grenze.

260 n. Chr.: Die Alamannen durchbrechen den Limes. Die Völkerwanderung beginnt.

Ca. 260 n. Chr.: Die Grenze des Römischen Reichs wird unter dem Ansturm germanischer Völker an den Rhein zurückgenommen; die Haselburg wird aufgegeben.

Vergleichbares aus der Region:

Eine vergleichbare Villenanlage aus diesem Randgebiet des Römischen Reichs ist bisher nicht bekannt geworden. Häufiger gefunden wurden Zeugnisse religiösen Bekenntnisses (Mithräen in Groß-Gerau und in Dieburg) und Teile des Limes, der Grenzbefestigung. Reste römischer Limeskastelle sind in Groß-Gerau, im Englischen Garten des Jagdschlosses Eulbach bei Erbach und in der Nähe von Würzberg zu besichtigen.

Sage:

Ein steinernes Kreuz am Weg von Höchst nach Annelsbach erinnert an einen Mann aus Hummetroth, der dort ermordet wurde. Weil es keine menschlichen Zeugen für die Untat gab, rief der Sterbende die Vögel als Zeugen und Rächer an. Jedesmal, wenn der Mörder an der Stelle vorbeikam, flog ihm nun eine Amsel ins Gesicht und hackte mit ihrem Schnabel. Das fiel eines Tages der Witwe des Ermordeten auf, die den Mann solange bedrängte, sein Geheimnis preiszugeben, bis er den Mord gestand.

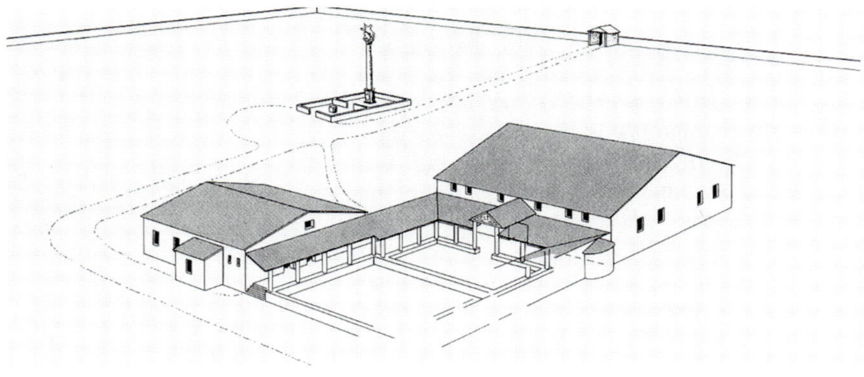

Zeichnerische Rekonstruktion der Anlage

Römische Lebensart im äußersten Zipfel Germaniens: Die Villa bei Hummetroth

Die Römer waren als gründliche Kolonisatoren bekannt. Deshalb ließen sie es sich nicht nehmen, auch einen Flecken zu besiedeln, der im äußersten Winkel des Römischen Reichs lag und den sonnenverwöhnten Römern mehr als unwirtlich erscheinen mußte: die Odenwald-Hochfläche zwischen dem Gersprenztal im Westen und dem Mümlingtal im Osten. Dort, in der Nähe des Örtchens Hummetroth, liegt eine römische villa rustica, die von den Menschen späterer Zeiten für eine Befestigung gehalten wurde und daher den Namen „Haselburg“ erhielt. Genauso irreführend wie die Bezeichnung „Burg“ ist nach heutigem Verständnis allerdings der Ausdruck „Villa“. Zwar war ein luxuriöses Herrenhaus fester Bestandteil solcher Anlagen, aber von der vornehmen Zurückhaltung und Abgeschiedenheit heutiger Villen war dort nichts zu spüren. Im Gegenteil: Eine villa rustica war vor allem ein landwirtschaftlicher Gutsbetrieb; Wirtschaftsgebäude nahmen einen großen Teil des Areals ein.

Als die Haselburg in der zweiten Hälfte des zweiten nachchristlichen Jahrhunderts gebaut wurde, stand der Odenwald erst seit einigen Jahrzehnten unter römischer Herrschaft – genauer gesagt seit etwa 90 n. Chr. Zehn Jahre später wurde der Odenwaldlimes angelegt, der 159 n. Chr. an den Main vorgeschoben wurde. Im Schutz dieser Grenzbefestigung entstand die Haselburg, nur etwa 10 bis 15 Kilometer vom Limes entfernt. Um 260 n. Chr., als unter dem Anstürmen der Germanen dieser äußerste Zipfel des Römischen Reichs aufgegeben und der Limes an den Rhein zurückverlegt wurde, war auch das Ende der römischen Villa Haselburg gekommen.

Bis dahin hatte sie ihrem römischen Besitzer eine komfortable und mit manchen Raffinessen ausgestattete Wohnstatt geboten. Unbeirrt von örtlichen Gepflogenheiten und den rauhen klimatischen Verhältnissen hatte er eine Villa im klassischen griechisch-römischen Baustil auf die zugige Hochfläche gesetzt. Repräsentativer Mittelpunkt des Hauses war ein Speisesaal mit einer runden Nische, in der das Speisesofa stand: Die Römer pflegten ihre Mahlzeiten im Liegen einzunehmen. Der Raum öffnete sich mit einem großzügigen Durchgang in den säulenumstandenen Gartenhof, das Peristyl, das zum Lustwandeln einlud – wenn das Wetter danach war. Ein Zugeständnis an die Witterung war wohl die Hypokaustheizung, mit der einige Räume ausgestattet waren. Warme Luft strich durch Hohlräume unter dem Boden und in den Wänden und sorgte so für angenehme Temperaturen.

Unverzichtbar für Römer war das Bad, in der Haselburg vom Peristylhof aus zu betreten. Pfarrer Kneipp hätte seine helle Freude an den Römern gehabt: In verschiedenen Becken nahmen sie zunächst ein warmes Bad, dann ein lauwarmes und stiegen schließlich in kaltes Wasser. Oft war auch noch eine Sauna vorhan-

Fundamentreste der römischen Villa Haselburg

den, die in der Haselburg aber nicht sicher festzustellen ist. Und weil der Architekt der Villa offensichtlich ein praktisch denkender Mensch war, leitete er das Wasser aus dem Kaltbad gleich in die Toilettenspülung weiter – Wassersparen auf römisch.

Das einzige, was eine römische Villa in Germanien und damit auch die Haselburg von Anlagen dieser Art in anderen Teilen des Römischen Weltreichs unterschied, war die Jupitergigantensäule. Sie stand außerhalb des Hauses in einem eigenen Mauergeviert und diente kultischen Zwecken. Diese Säulen sahen in allen germanischen Provinzen gleich aus: Unten Reliefs, darüber eine Säule mit Schuppenmuster, ganz oben eine Statue des Gottes Jupiter, der gerade einen Giganten oder Riesen niederreitet. Mit der klassischen römischen Götterwelt hat diese Darstellung vermutlich wenig zu tun; hinter Jupiter dürfte sich ein germanischer oder keltischer Gott verbergen. Da aber keine schriftlichen Quellen darüber vorliegen, werden diese Bildwerke immer ein bißchen geheimnisumwittert bleiben. Die Reste der Haselburger Jupitergigantensäule lassen im übrigen auf eine ungewöhnliche Höhe schließen: Sie war über 10 Meter hoch und damit weithin sichtbar, ein Zeichen in der Landschaft.

Touristische Tips:

Die Villa liegt in der Nähe von Hummetroth, an der Landstraße zwischen Höchst und Brensbach. Von dort empfehlen sich Ausflüge in die Umgebung, etwa zur Veste Otzberg, in den Kurort Bad König oder nach Fränkisch-Crumbach.

Information:

Fremdenverkehrsamt, Montmelianer Platz 4, 64739 Höchst i. Odenwald, Telefon 06163/7080.

Daten aus der Geschichte:

Um 370 n. Chr.: Bau der Schiffslände durch den römischen Kaiser Valentinian I.

Um 375 n. Chr.: Einbruch der Hunnen.

Um 400 n. Chr.: Aufgabe der Schiffslände durch die Römer.

476: Ende des Weströmischen Reichs.

768–814: Karl d. Große.

8. Jh.: Vor der ehemaligen Schiffslände entsteht das Dorf Zullestein; in den römischen Ruinen wird ein karolingischer Königshof errichtet.

846: Die Anlage geht an das nahegelegene Kloster Lorsch über.

1152–1190: Kaiser Friedrich Barbarossa.

Um 1200: Der Ort gelangt in den Besitz des Bistums Worms; bald darauf wird dort die Burg Stein gebaut.

1618–1648: Dreißigjähriger Krieg.

1631: Die Burg wird niedergebrannt.

1657: Die Reste der Burg werden geschleift.

Vergleichbares aus der Region:

Teile des Limes, der Grenzbefestigung, sind in Groß-Gerau, im Englischen Garten des Jagdschlosses Eulbach bei Erbach und in der Nähe von Würzberg zu besichtigen.

Der Zullestein: Historiker betätigen sich als Detektive

Historiker und Detektiv: Die beiden Berufe haben viele Gemeinsamkeiten. Beide ziehen aus oft winzigen Indizien Schlußfolgerungen und müssen sich dann auf die Suche nach Beweisen für ihre Thesen machen. Geradezu ein Paradebeispiel historischer Detektivarbeit ist die Geschichte des Zullesteins bei Nordheim (Stadt Biblis). Ein flacher Hügel im Steiner Wald und eine lateinische Urkunde waren die spärlichen Indizien, mit denen die Historiker und Archäologen zunächst auskommen mußten. Der Hügel wurde im Volksmund als „Schloßbuckel" bezeichnet. Fachleute vermuteten an dieser Stelle die Überreste der 1657 abgerissenen Burg Stein. Der lateinische Text aus den Beständen des Klosters Lorsch stammt aus dem 9. Jahrhundert und spricht von einem „Dorf Zullestein, gelegen am Ufer des Rheins, mit Hafen". Vielleicht, so lautete eine zunächst noch recht gewagte Annahme, lag das inzwischen verschwundene Dorf an der Stelle der späteren Burg Stein.

Für Spannung war also gesorgt, als die Archäologen 1970 den Spaten ansetzten. Zuerst traten erwartungsgemäß die Mauern der Burg Stein zutage. Als sich darunter Reste einer karolingischen Anlage zeigten, war auch die These bestätigt, daß das mittelalterliche Dorf Zullestein an dieser Stelle zu finden sei. Als unterste Lage dieser historischen Schichttorte tauchten römische Mauern auf, von denen bisher niemand etwas gewußt hatte.

Der römische Kaiser Valentinian I. ließ im 4. Jahrhundert nach Christus an dieser Stelle eine befestigte Schiffslände anlegen. Damals floß die Weschnitz, ein Nebenfluß des Rheins, noch unmittelbar vor der Anlage vorbei und mündete wenige Meter flußabwärts in den Rhein. Hier, in rechtsrheinischem Gebiet, das schon seit rund hundert Jahren nicht mehr zum Römischen Reich gehörte, ließ Valentinian systematisch befestigte Kleinhäfen anlegen. So sollte dieser Bereich zumindest als Pufferzone zu den germanischen Völkern erhalten bleiben.

Rekonstruierter Grundriß des Zullesteins

Modell im Museum

Die Schiffslände von Zullestein unterschied sich nicht von anderen römischen Anlagen dieser Art. Ein rechteckiger Quaderbau bildete den Kern der Anlage. Er war wahrscheinlich zwei Stockwerke hoch und diente sowohl zur Aufnahme der Besatzung als auch zur Lagerung von Vorräten. Mit seinem weißen Verputz und dem roten Ziegeldach muß er weithin sichtbar gewesen sein. Rechts und links setzten Mauern an, die auf zwei kleine quadratische Ecktürme zuliefen. Von dort zogen sich im rechten Winkel Mauern bis ins Flußbett. Die Anlage wurde auf den drei Landseiten von einem Verteidigungsgraben umzogen. 42 Meter breit war diese gesicherte Landestelle für römische Schiffe.
Um 400 nach Christus zogen sich die Römer endgültig aus diesem Gebiet zurück. In der Mitte des 8. Jahrhunderts entstand vor der Ostseite der ehemaligen Schiffslände eine kleine Siedlung: Das Dorf Zullestein. Rund 50 Jahre später wurde auf den römischen Ruinen ein karolingischer Königshof gebaut. Zwei Gebäude, eines davon auf den Grundmauern des großen Quaderbaus, und eine Kapelle wurden ausgegraben. Siedlung und Hof blieben nicht lange in königlichem Besitz; das benachbarte Kloster Lorsch erhielt beide 846 zum freudig empfangenen Geschenk. Aus Lorscher Besitz gingen Dorf und Hof um 1200 in den des Bistums Worms über. Das errichtete dort bald die Burg Stein, deren markantestes Gebäude ein hoher Turm war. Der karolingische Saalbau und die Kapelle wurden weiter genutzt. 1631 niedergebrannt, wurde die Burg 1657 geschleift. Nur der Förster harrte noch bis um 1800 in seinem Forsthaus neben dem Ruinenhügel aus. Danach fiel die Stätte endgültig wüst.

Touristische Tips:

Die Weschnitzmündung befindet sich in einem Auenwald, der zu Wanderungen einlädt. In unmittelbarer Nähe des Zullesteins wurde in den siebziger Jahren das Atomkraftwerk Biblis gebaut, das unter bestimmten Voraussetzungen besichtigt werden kann.

Information:

Gemeindeverwaltung Biblis, Darmstädter Straße 25, 68647 Biblis, Telefon 06245/28-0

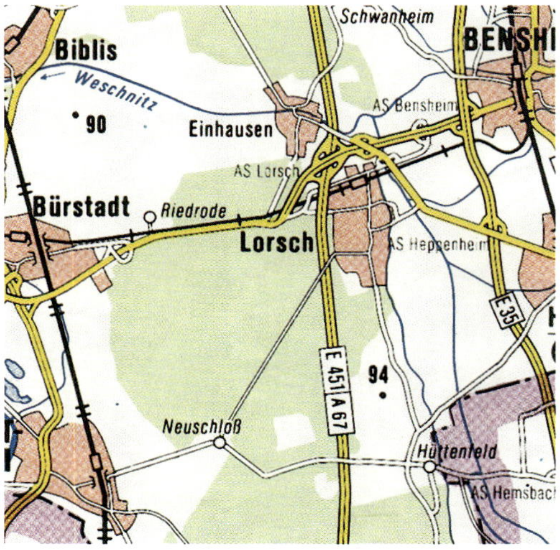

Daten aus der Geschichte:

436/437: Die Hunnen vernichten das Reich der Burgunder. Die Überlebenden des Stammes werden von den Römern zwischen Neuenburger und Genfer See angesiedelt.

um 1200: Wahrscheinliche Entstehungszeit des Nibelungenliedes.

1844: Der Geheime Staatsrat Dr. Johann Friedrich Knapp stößt bei seiner Suche nach dem historischen Ort der Ermordung Siegfrieds südlich von Grasellenbach im Wald auf eine Quelle.

1851: Feierliche Proklamation des Grasellenbacher Siegfried-Brunnens. Errichtung eines Steinkreuzes mit Inschrift.

Sage:

Als Siegfried über den Quell gebeugt trank, durchbohrte er [Hagen] ihn genau an der Stelle des Kreuzes, so daß ein starker Blutstrom sich aus dem Herzen auf Hagens Kleidung ergoß. Solchen Verrat wird heute ein Held nie wieder begehen. (Nibelungenlied, Strophe 922).

Vergleichbares aus der Region:

Neben Grasellenbach erheben weitere Orte Anspruch auf den einzig wahren Siegfried-Brunnen. Solche gibt es auch in Heppenheim, bei Hüttenfeld, im Grasellenbacher Ortsteil Hammelbach sowie zwischen Hiltersklingen und Hüttenthal.

Das frühe Mittelalter

Nach dem Zusammenbruch der Römerherrschaft am Rhein gehörte Südhessen zunächst zum Machtbereich der Alamannen. Doch schon gegen Ende des 5. Jahrhunderts gelang es den Franken immer mehr, hier ihren Einfluß geltend zu machen. Spätestens unter König Chlodwig gehörte das Land am Mittelrhein zu ihrem Reich. Fränkische Siedler ließen sich in Südhessen nieder und gründeten neue Dörfer: Die Endung vieler Ortsnamen auf -heim (Nordheim, Altheim, Schaafheim,... belegt dies. Anders als im Norden Hessens ging mit der fränkischen Landnahme nicht auch die Missionierung der Heiden einher. Die christliche Lehre hatte schon in der Spätantike auch die römischen Provinzen am Rhein erreicht. Seit dem 4. Jahrhundert gab es Bischöfe in Mainz, Worms und Speyer, und von dort strahlte das Christentum auf die andere Rheinseite hinüber. Unter den Karolingern entwickelte sich der Mittelrhein zu einer festen Größe in der Reichspolitik. Karl der Große und seine Nachfolger residierten oft und gern in Mainz, Worms, Frankfurt, Ingelheim oder Trebur.

Grasellenbach, oder: Wo starb Siegfried?

Wer kennt nicht die Sage von Siegfried, dem stolzen Drachentöter, und seinem schmählichen Ende. Auf der Jagd wurde der Held hinterrücks ermordet, als er seinen Durst an einem kühlen Quell löschen wollte. Unverwundbar geworden durch das Bad im Drachenblut gab es doch eine Stelle auf der Schulter, die ungeschützt war. Die kannte Hagen von Tronje und streckte Siegfried deshalb mit seinem Speer nieder.

So steht es im Nibelungenlied, der bedeutendsten deutschen Heldendichtung des Mittelalters. Um 1200 entstanden, greift es jedoch auf Sagen der nordisch-germanischen Welt und Ereignisse der Völkerwanderungszeit zurück: den Untergang des Burgunderreiches im Jahr 436 etwa, den Tod des Hunnenkönigs Attila im Jahr 453 oder die Person des Ostgotenkönigs Theoderich (Dietrich von Bern). Sie werden mit der höfischen Welt des hohen Mittelalters verknüpft.

Hagen tötet Siegfried

Der Autor des Nibelungenliedes ist bis heute unbekannt, trotz vieler, manchmal geradezu rührend anmutender Versuche der Identifizierung. Doch eine andere Frage bewegt vor allem die Heimatforscher: Wo starb Siegfried? Wo liegt der Ort der ruchlosen Tat? Viele Dörfer erheben Anspruch darauf, den „einzig wahren“ Siegfried-Brunnen zu besitzen. Zu ihnen zählt Grasellenbach im Odenwald.

Entdecker des dortigen Siegfried-Brunnens ist der Geheime Staatsrat Dr. Johann Friedrich Knapp aus Darmstadt. Bei seinen Forschungen stieß er im Jahr 1844 im Wald oberhalb von Grasellenbach auf eine Quelle. Sie war den Einheimischen schon lange bekannt, doch Knapp schien sie jenen

Mitten im Wald liegt die Siegfriedsquelle von Grasellenbach

geographischen Angaben zu entsprechen, die das Nibelungenlied bietet. Danach fand die verhängnisvolle Jagd im Gebirge statt, und zwar im „Otenwalde“ oder auch „Waskenwalde“. Den Ort „Otenhain“, wo die Siegfriedquelle fließen sollte, identifizierte er mit dem Flurstück Totenhain in der Nähe von Grasellenbach.

Nachdem die Echtheit des Grasellenbacher Siegfried-Brunnens hinreichend bewiesen schien, fand 1851 die feierliche Deklaration statt. Ein altes Sühnekreuz wurde durch ein neugotisches ersetzt, auf dem stilgerecht der entsprechende Vers des Nibelungenliedes in mittelhochdeutscher Sprache eingemeißelt wurde.

Die Entdeckung des Siegfried-Brunnens fiel auf fruchtbaren Boden: vor allem bei jenen, die in Siegfried den Urtypus des deutschen Helden schlechthin sahen. Doch auch die Grasellenbacher wußten mit der neuen Errungenschaft rasch etwas anzufangen. Die Werbung mit der Sagengestalt bescherte dem kleinen Bauerndorf frühen Tourismus. Da machte es wenig, daß es auch anderenorts „einzig wahre“ Siegfried-Brunnen gab und andere Forscher Johann Friedrich Knapp schon bald vehement widersprachen.

Heute ist die gesamte Region um Grasellenbach Nibelungenland. Von Worms, dem einstigen Zentrum des Burgunderreichs, führt die Nibelungenstraße in den Odenwald. Wer heute durch den Luft- und Kneippkurort flaniert, stößt auf Schritt und Tritt auf Gasthöfe oder Pensionen, die sich mit den Figuren des Nibelungenliedes schmücken: Kriemhild, Hagen, Gunther und Brunhild – und eben Siegfried.

Information:

Kurverwaltung, Am Kurpark 1,
64689 Grasellenbach, Telefon 06207/2554

Touristische Tips:

In der Nähe von Grasellenbach liegt Lindenfels mit einer mittelalterlichen Burgruine und historischem Stadtkern.

Lorsch: Das Hauskloster der Karolinger

Daten aus der Geschichte:

751: Pippin der Jüngere wird mit Zustimmung des Papstes als erster Karolinger zum König gewählt und setzt den letzten Merowingerkönig ab.

764: Das Kloster Lorsch wird gegründet.

774: Die Klosterkirche wird in Anwesenheit des Frankenkönigs Karl geweiht.

800: Kaiserkrönung Karls des Großen zu Weihnachten in Rom.

843: Im Vertrag von Verdun wird das Frankenreich nach karolingischem Erbrecht geteilt.

919: Der Sachsenherzog Heinrich wird zum König des Ostfrankenreichs gewählt. Erstmals taucht der Begriff „regnum Teutonicorum - Reich der Deutschen" in den Quellen auf.

Im Jahr 764 verschenkten der fränkische Adlige Cancor und seine Mutter Williswind ihr Hofgut Laurissa, das unweit der alten Römerstraße lag, die von Germanien nach Süden führte. Verbunden mit der Schenkung an ihren Verwandten Bischof Chrodegang von Metz war der Auftrag, ein Kloster zu gründen. Der Bischof schickte Benediktinermönche aus dem Kloster Gorze bei Metz und setzte seinen Bruder Gundeland als Vorsteher eines ersten Konvents ein. Auf einer Insel des Flüßchens Weschnitz entstand das erste Kloster, das aber schon wenige Jahre später auf einen hochwassersicheren Hügel etwa 600 Meter entfernt verlegt wurde. Für sein Kloster erwarb Chrodegang in Rom die Reliquien des Märtyrers Nazarius, und schon im Jahr 774 wurde die Klosterkirche in Anwesenheit Karls des Großen geweiht. Zwei Jahre zuvor hatte der Abt Lorsch dem König übertragen und so dem Zugriff des regionalen Adels entzogen.

Die Brüdergemeinschaft blühte auf und wurde rasch zu einem der bedeutendsten Klöster des frühen Mittelalters. Karl der Große hielt sich zwar nur ein Mal in Lorsch auf, aber seine Nachfolger kamen oft zu Besuch. Ludwig der Jüngere (876–882) ließ für seinen Vater Ludwig den Deutschen (840–876) eine Grabeskirche errichten, die „ecclesia varia" oder „bunte Kirche". 1051 wurde sie von Papst Leo IX. erneut geweiht. Auch für die Entwicklung der Region hatte das Kloster eine wichtige Rolle: Im Odenwald und in der Heppenheimer Mark wurde auf Geheiß der Äbte Land gerodet und so Siedlungsraum geschaffen.

Schon bald nach der Blüte setzte der allmähliche Niedergang ein. 1090 geriet die Klosterkirche in Brand, weil sich bei einer religiösen Feier ein emporgeworfenes Feuerrad im Dachstuhl verfing. Die Flammen zerstör-

Am Computer wiedererstanden: Der Kreuzgang des Klosters Lorsch

Torhalle und Kirche des Klosters

ten die Kirche und einen Teil der Nebengebäude. Im 13. Jahrhundert wurden die Benediktinermönche zunächst durch Zisterzienser, später durch Prämonstratenser ersetzt. 1461 verpfändete der Erzbischof von Mainz die Anlage an den Heidelberger Pfalzgrafen. 1556 wurde die Klostergemeinschaft im Zuge der Reformation aufgehoben, 1621 brannten kaiserlich-spanische Truppen die Kirche nieder. Erhalten blieben drei Joche des Mittelschiffs, im dem sehenswerte Steinfragmente und Sarkophage ausgestellt sind. Prunkstück ist der Sarkophag, der wohl einst die sterblichen Überreste König Ludwigs des Deutschen enthalten hat.

Im 18. Jahrhundert dienten die Klosterruinen als Steinbruch, und erst der hessische Großherzog Ludewig I. verhinderte die endgültige Zerstörung. Seinem Eingreifen ist es auch zu verdanken, daß eines der bedeutendsten Zeugnisse karolingischer Baukunst erhalten blieb: die Lorscher Torhalle. Das rechteckige, reich verzierte Gebäude steht im ehemaligen Vorhof der Abtei zwischen dem Westtor und dem Eingang zur Basilika. Das Untergeschoß ist von drei großen Rundbögen durchbrochen. Der ursprüngliche Zweck des Baus ist bis heute ungeklärt. Fachleute vermuten, daß er an antike Traditionen anknüpft und als triumphales Empfangstor für hochgestellte Personen gedacht war. Vielleicht wurde die Torhalle zeitgleich mit der „ecclesia varia" im letzten Viertel des 9. Jahrhunderts erbaut.

Vergleichbares aus der Region:

Ebenfalls aus karolingischer Zeit stammen die Überreste der Einhardsbasilika von Steinbach bei Michelstadt und große Teile der ehemaligen Klosterbasilika von Seligenstadt am Main.

Touristische Tips:

Das Museumszentrum gegenüber der karolingischen Torhalle vereint mehrere Sammlungen unter einem Dach: die klostergeschichtliche Abteilung, eine volkskundliche Schau sowie eine umfangreiche Sammlung zur Geschichte des Tabakanbaus im Ried. Vom Museumszentrum aus werden Führungen durch das Kloster organisiert. Die klostergeschichtliche Abteilung hat darüber hinaus ein reichhaltiges museumspädagogisches Angebot erarbeitet, das vom Unterricht im Museum bis zum lustigen Kindergeburtstag reicht.

Ein heimatkundlicher Lehrpfad verbindet die Überreste der Abtei mit den beiden anderen Lorscher Klöstern: der ursprünglichen Gründung auf der Weschnitzinsel und dem wenig bekannten Frauenkloster Hagen.

Im Ortskern von Lorsch gibt es einige hübsche Fachwerkhäuser aus dem 18. und 19. Jahrhundert.

Information:

Verwaltung der Staatlichen Schlösser und Gärten, Nibelungenstraße 32, 64653 Lorsch, Telefon 06251/51446 oder 596773.
Magistrat der Stadt Lorsch, Fremdenverkehrsabteilung, Marktplatz 1, 64647 Lorsch, Telefon 06251/596750.

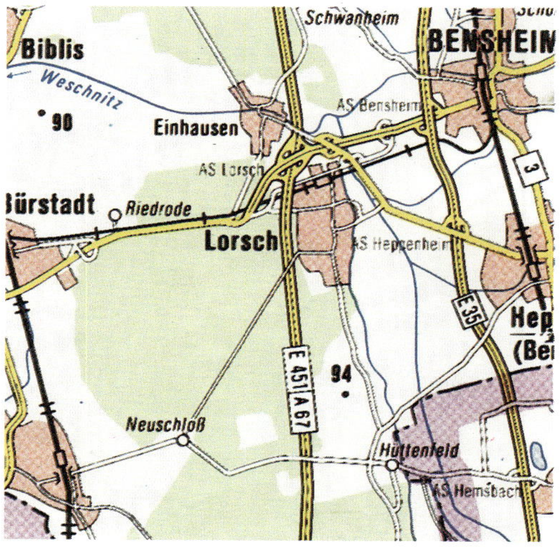

Daten aus der Geschichte:

um 770: Einhard wird als Sohn eines fränkischen Adeligen im Maingau geboren.
800: Karl der Große wird in Rom zum Kaiser gekrönt.

815: Karls Sohn und Nachfolger Ludwig der Fromme schenkt Einhard Besitzungen bei Michelstadt im Odenwald und Ober-Mühlheim am Main, dem späteren Seligenstadt.

828: Überführung der Reliquien der Heiligen Marcellinus und Petrus von Michelstadt nach Seligenstadt.

830/833: Aufstand der Söhne Ludwigs des Frommen gegen ihren Vater. Der Kaiser wird entthront, später jedoch wieder eingesetzt.

840: Einhard stirbt in Seligenstadt.

842: Straßburger Eide: Ludwig der Deutsche und Karl der Kahle verbünden sich gegen ihren Bruder, Kaiser Lothar I. Erstes überliefertes Dokument in althochdeutscher und altfranzösischer Sprache.

843: Im Vertrag von Verdun wird das karolingische Reich in drei Territorien geteilt. Aus dem westfränkischen Reich entsteht später das Königreich Frankreich, aus dem ostfränkischen Reich das abendländische Imperium der Deutschen.

Vergleichbares aus der Region:

In Michelstadt-Steinbach erbaute Einhard die erste Basilika für die Gebeine der Heiligen Marcellinus und Petrus. Sie gibt einen unverfälschten Eindruck vom Baustil der karolingischen Kirchen. Ebenfalls aus karolingischer Zeit stammt die Torhalle des Klosters Lorsch.

Mühle und Engelsgärtlein des Klosters Seligenstadt

Seligenstadt: Einhards Klostergründung

Seltsame Traumgesichter plagten im Winter des Jahres 827 die Bewacher der Kirche von Michelstadt-Steinbach. Immer wieder erschienen ihnen im Schlaf jene beiden Männer, deren Gebeine seit kurzem in dem kleinen Gebäude ruhten. Der Stifter der Kirche, der kaiserliche Ratgeber Einhard, fand für diese sonderbaren Ereignisse nur eine Erklärung: Die Heiligen, die man eigens von Rom in den Odenwald überführt hatte, waren mit der abgelegenen Basilika als letzter Ruhestätte unzufrieden. Kurz entschlossen befahl er deshalb am 16. Januar 828, die kostbaren Reliquien nach Ober-Mühlheim am Main zu bringen und dort eine prächtigere Kirche zu bauen. Das war die Geburtsstunde des Klosters Seligenstadt.
Einhard – um das Jahr 770 im Maingau geboren und im Kloster Fulda erzogen – kam als junger Mann an den Hof Karls des Großen. In der Umgebung des Kaisers versammelten sich damals die bedeutendsten Gelehrten ihrer Zeit. Bei Alkuin, dem größten unter ihnen, vollendete Einhard seine Ausbildung. Karl der Große übertrug dem jungen Mann dann vermutlich die Ausstattung der kaiserlichen Kapelle mit liturgischem Gerät und ihre Ausschmückung mit Malereien. Später setzte er ihn für diplomatische Missionen ein: Im Jahr 806 reiste Einhard nach Rom, um dem Papst das Testament des Kaisers zu überbringen. Bei dieser Gelegenheit lernte er die Ewige Stadt und die Bauweise der römischen Kirchen kennen. Bei dem alternden Kaiser setzte sich Einhard dann dafür ein, dessen Sohn Ludwig noch zu Lebzeiten des Vaters zum Mitkaiser zu krönen. Vielleicht aus Dankbarkeit hierfür schenkte Ludwig der Fromme Einhard im Jahr 815 Besitzungen am Main und bei Michelstadt.
Dort begannen alsbald die Bauarbeiten an einer, so schreibt Einhard selbst, „zur Abhaltung des Gottesdienstes geeigneten Kirche von nicht unrühmlicher Art“. Doch zu ihrer Vollendung benötigte er etwas Wichtiges: Reliquien, also weltliche Überreste heiliger Männer der Kirche. Doch mit irgendwelchen Knochensplittern mochte sich Einhard nicht zufrieden geben. Deshalb entsandte er im Jahr 827 seinen persönlichen Vertrauten Ratleik nach Rom. Der machte sich dort an die Materialbeschaffung und kam auf unrühmliche, aber für das Mittelalter nicht untypische Weise ans Ziel. Ratleik drang mehrfach in die Katakombe der an der Via Casilina gelegenen Kirche der Heiligen Marcellinus und Petrus ein und stahl dort die Gebeine der beiden Märtyrer, die bei den Christenverfolgungen unter Kaiser Diokletian den Tod gefunden hatten.
In Michelstadt wie in Seligenstadt

Der Klostergarten diente der Erbauung und Ernährung der Mönche

entstanden entsprechend dem Baustil jener Zeit sogenannte Pfeilerbasiliken. Die römische Antike verstand unter einer Basilika eine langgezogene Halle, die durch Pfeiler in mehrere Abschnitte (Schiffe) unterteilt war und häufig als Amts- oder Marktgebäude genutzt wurde. Dieser Hallencharakter übertrug sich auch auf die frühen christlichen Kirchen. Die Seitenschiffe waren meist deutlich niedriger als das Mittelschiff, das durch hochgelegene Fenster erhellt wurde. Kirchtürme waren selten.

In Seligenstadt entwickelte sich schon bald nach der Ankunft der Heiligen ein reges religiöses Leben. Geistliche, später Mönche, übernahmen die Pflege der Reliquien, die Menschen aus nah und fern anzogen. Die Klostergemeinschaft blühte auf und wurde ein wichtiger Machtfaktor im Rhein-Main-Gebiet. Im 12. Jahrhundert trat der Erzbischof von Mainz seine Rechte an dem Klosterort an Kaiser Friedrich I. ab. Seligenstadt erhielt Stadtrecht und trug fortan den Reichsadler im Siegel. Friedrich I. hielt 1188 einen Hoftag in Seligenstadt ab, sein Enkel Friedrich II. ließ eine Kaiserpfalz bauen, die allerdings nie vollendet wurde. Der Stifter des Klosters, Einhard, zog sich in den späten zwanziger Jahren des 9. Jahrhunderts mehr und mehr vom kaiserlichen Hof zurück und widmete sich ganz seiner Gründung. Seit 830 stand er selbst an der Spitze der sich bildenden klösterlichen Gemeinschaft, ohne jedoch Mönch zu werden. In Seligenstadt entstand wohl auch Einhards berühmtestes Werk, die Lebensbeschreibung Kaiser Karls des Großen. 840 starb er dort, von Gebrechen geplagt, von denen ihn auch seine kostbaren Reliquien nicht zu kurieren vermocht hatten. Der monumentale Barocksarkophag mit den Überresten Einhards und seiner Frau Imma steht heute in einem Seitenraum der Basilika.

Touristische Tips:

Seligenstadt liegt an der Deutschen Fachwerkstraße.
Das Verkehrsbüro bietet Stadtführungen an, die die ehemalige Abtei einschließen. Dort sind die Wirtschaftsgebäude (Küche) sowie die Prälatur mit Abtwohnung und Kaisersaal besonders sehenswert.
Im Landschaftsmuseum im Klosterhof wird die geschichtliche Entwicklung der Stadt und der Umgebung seit der Vorzeit bis in die Gegenwart dargestellt. Das Museum befindet sich noch im Aufbau.
Das Kreismuseum der Heimatvertriebenen, Frankfurter Straße 13, zeigt Exponate aus dem ehemaligen Ostgebieten des Deutschen Reiches und dokumentiert die Geschichte der Vertreibung nach dem Zweiten Weltkrieg.
Seligenstadt hat eine hübsche Altstadt mit zahlreichen Fachwerkhäusern. Das prachtvollste ist das Einhardhaus von 1596 am Marktplatz. Sein reiches Schnitzwerk erinnert an die Sage von Einhard und der Kaisertochter Imma.
Das Romanische Haus in der Großen Rathausgasse stammt aus dem Jahr 1186. 1188 hielt Kaiser Friedrich Barbarossa hier einen Hoftag ab.
Der Steinheimer Torturm aus dem Jahr 1603 ist eines der Wahrzeichen der Stadt. Die Steinheimer Straße folgt der Achse einer alten Römerstraße, die einst aus dem großen Limeskastell führte. Stumpfaule und die beiden Pulvertürme sind Teile der alten Stadtbefestigung.
Seligenstadt ist Anlegepunkt von Ausflugsdampfern, die von Frankfurt aus den Main bis hinauf nach Aschaffenburg erkunden.

Information:

Verkehrsbüro, Einhardhaus am Marktplatz, 63500 Seligenstadt, Telefon 06182/87177

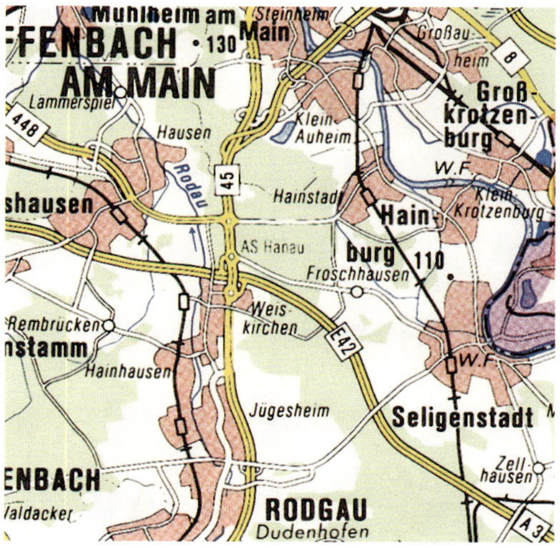

Wo Karl der Große jagen ging: Vom Jagdrevier zur festen Burg Dreieichenhain

Wenn Karl der Große sich entspannen wollte, ging er auf die Jagd, zum Beispiel rund um die heutige Burg und Kleinstadt Dreieichenhain. Die Gegend war damals noch von dichten Wäldern bedeckt. Der Komfort dieses Jagdreviers war zu den Zeiten Karls des Großen allerdings noch gering: Außer einem reichen Wildbestand hatte dieser Königsforst, forestis genannt, nichts zu bieten. Das änderte sich erst im 10. und 11. Jahrhundert, als dort ein königlicher Jagdhof errichtet wurde.

Jetzt allerdings wurde geklotzt und nicht gekleckert: Ein zweigeschossiges Herrenhaus mit einem Saal und einer altanartigen Vorhalle auf hölzernen Stützen bot den königlichen Jagdgesellschaften nun eine angemessene Herberge. Dieser Jagdhof war nicht nur eine noble Unterkunft, er demonstrierte auch einen Anspruch: Den Besitzanspruch des Königs nämlich, den es gegen die Begehrlichkeiten der örtlichen Adelsfamilien zu verteidigen galt. Damit dieser Anspruch keine leere Demonstration blieb, wurde im 11. Jahrhundert das Reichsministerialengeschlecht der Herren von Hagen mit Unterhalt und Verteidigung des Jagdhofs beauftragt.

Der König war fern, und die treuen Verwalter begannen nach und nach, sich als Besitzer der Anlage zu betrachten. Deshalb waren es die Herren von Hagen und nicht ihr königlicher Vorgesetzter, die gegen Ende des 11. Jahrhunderts aus dem Jagdhof im Landhausstil eine feste Turmburg machten. Hundert Jahre später wurde wieder gebaut: Nach dem Vorbild der Kaiserpfalz in Gelnhausen wurden ein Bergfried, ein Palas und Wirtschaftsgebäude errichtet. Gleichzeitig entstand vor der Burg, von dieser durch einen Graben getrennt, die planmäßig angelegte und befestigte Stadt. Noch war diese Stadt nicht mehr als eine Art Werkssiedlung für Bedienstete der Burg: Burgmannenhöfe prägten ihr Gesicht. Der weitere Ausbau war allerdings offenbar schon früh geplant, denn seit 1265 besaß der Ort Stadtrechte.

Nach dem Aussterben der Herren von Hagen ging ihr Erbe 1268 zu fünf Sechsteln an die Falkensteiner. Die neuen Besitzer bauten die Burg weiter aus und erweiterten die Fläche der Stadt auf das Doppelte. Zu Beginn des 15. Jahrhunderts gab es wieder einen neuen Besitzer: Die Falkensteiner waren ausgestorben; ihre Nachfolge traten die Grafen von Isenburg an. Sie betrieben in den Jahren bis 1445 einen aufwendigen Ausbau von Burg und Stadt zu einer Festung nach den neuesten Erkenntnissen der Zeit.

Danach versank Dreieich in eine Art Dornröschenschlaf. Selbstzufrieden lebte die kleine Stadt vor sich hin und genoß einen bescheidenen Wohlstand. Den Dreißigjährigen Krieg überstand sie unzerstört, litt aber wie die ganze Gegend unter der nachfolgenden Verarmung. Für die Burg interessierte sich schon seit langem niemand mehr so recht, infolgedessen verfiel sie immer mehr. Ende des 18. Jahrhunderts wurden Palas und Bergfried abgerissen, ihre Steine beim Chausseebau verwendet. Mit den Steinen der älteren Turmburg wurde die Kirche der Hugenottensiedlung Neu-Isenburg gebaut. Auch einige historische Gebäude in der Stadt fielen der Spitzhacke zum Opfer.

Daten aus der Geschichte:

768–814: Karl d. Gr.

9. Jh.: Der Wald um Dreieichenhain wird zum königlichen Jagdrevier.

936–973: Otto d. Gr.

10./11. Jh.: Bau eines komfortablen königlichen Jagdhofs.

11. Jh.: Die Herren von Hagen übernehmen die Verwaltung des Jagdhofs.

1096–1099: Erster Kreuzzug.

Ende des 11. Jhs.: Bau einer Turmburg.

1152–1190: Kaiser Friedrich Barbarossa.

Ende des 12. Jhs.: Bau einer großen Burg mit Bergfried, Palas und Wirtschaftsgebäuden. Gleichzeitig planmäßige Anlage der Stadt.

1265: Der Ort erhält die Stadtrechte.

1268: In Neapel wird Konradin, der letzte Staufer, hingerichtet.

Seit 1438: Das Kaisertum bleibt von nun an bis 1806 ununterbrochen im Haus Habsburg.

Vor 1445: Ausbau von Stadt und Burg zu einer modernen Festung.

18. Jh.: Teile der Burg und historische Gebäude in der Stadt werden abgerissen.

1938: Die Reste des Palas werden restauriert.

Bergfried und Palas von Süden

Sage:

Die Vorliebe Karls des Großen für die Burg in Dreieichenhain soll darauf beruhen, daß seine Gemahlin Fastrada einst einen Zauberring im Burgteich versenkt hatte, der den Kaiser unwiderruflich an den Ort band.

Vergleichbares aus der Region:

Die Kaiserpfalz in Gelnhausen war Vorbild für den Ausbau der Burg im 12. Jahrhundert.

Touristische Tips:

Im Dreieich-Museum (Fahrgasse 52) werden Ausstellungsstücke zur Geschichte von Burg und Stadt gezeigt.
In der Stadt laden zahlreiche Fachwerkhäuser zu einem Bummel durch die nahezu autofreien Gassen ein; Dreieich liegt an der Deutschen Fachwerkstraße.

Information:

Stadtverwaltung Dreieich, Hauptstraße 15, 63303 Dreieich, Telefon 06103/601-0

Im 19. Jahrhundert wurde Dreieich durch die Industrialisierung aus seiner beschaulichen Ruhe geweckt. Der Ort wandelte sich von der Ackerbürger- zur Arbeitergemeinde, die Einwohnerzahl stieg unaufhaltsam. 1875 wurde das erste Haus außerhalb der mittelalterlichen Stadtmauern errichtet. Unter diesen Bedingungen interessierte sich erst das 20. Jahrhundert wieder für die Burg, die sich mittlerweile als romantische Ruine zeigte. 1938 wurden die Reste des Palas restauriert und erhielten damit ihr heutiges Aussehen.

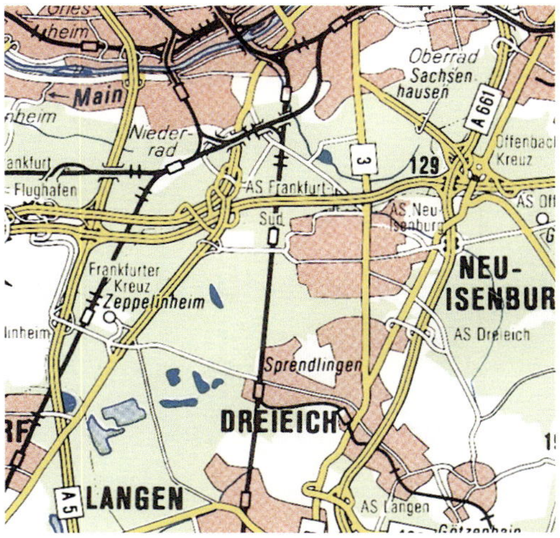

Daten aus der Geschichte:

1024: Konrad der Ältere wird im Kamba zum König gewählt und begründet die Dynastie der Salier.

1025/1030: Baubeginn am Speyerer Dom.

1033: Mit dem Tod Rudolfs III. fällt das Königreich Burgund an Konrad II.; Deutschland, Italien und Burgund bilden fortan die Ländertrias, über die die mittelalterlichen Kaiser herrschen.

1076: Ausbruch des Investiturstreits zwischen Kaiser und Papst um die Besetzung der deutschen Bischofssitze. König Heinrich IV., Enkel Konrads II., erklärt Papst Gregor VII. für abgesetzt, der Papst bannt den König.

1095: Papst Urban II. ruft zum Kreuzzug und zur Befreiung des Heiligen Landes von den Ungläubigen auf.

1125: Kaiser Heinrich V. stirbt kinderlos. Mit ihm erlischt das Salierhaus.

König, Adlige, Burgen: Das Hohe Mittelalter

Auch im Mittelalter gab es ihn schon, den Gegensatz zwischen der großen Politik über die Grenzen des Landes hinweg und der kleinen Politik vor Ort, die für die Menschen oft so viel wichtiger ist. „Der König ist tot, es lebe der König“: Mit diesem Ruf wurde dem Volk in Frankreich der Tod des alten und der Regierungsantritt des neuen Königs verkündet. So einfach war es in Deutschland nicht. Es dauerte oft Wochen oder Monate, bis sich die Kurfürsten auf einen Nachfolger geeinigt hatten.
War der neue König gewählt, verging noch einmal Zeit, bis die Nachricht von seiner Wahl auch im letzten Zipfel des Reiches angekommen war. Verständlich, daß die Geschehnisse vor Ort für die Menschen oft wichtiger waren als die große Weltpolitik. Der südhessische Raum war zu dieser Zeit noch ein territorialer Flickenteppich, die Landgrafschaft Hessen noch auf das heutige Nordhessen beschränkt.

Am Rhein wird Geschichte gemacht: Die Königswahl von Kamba

Wie ein Lauffeuer verbreitete sich im Sommer des Jahres 1024 die Nachricht in Deutschland: Der Kaiser ist tot. Heinrich II. war am 13. Juli gestorben, gerade 52 Jahre alt. Mit ihm war das Herrscherhaus der Ottonen, die seit 919 regiert hatten, im Mannesstamm erloschen.
Noch während die Vorbereitungen für die Beisetzung in Heinrichs Lieblingsstadt Bamberg getroffen wurden, begannen die Mächtigen des Reiches deshalb, einen Nachfolger zu suchen. Schließlich trat am 4. September 1024 eine allgemeine Wahlversammlung zusammen. Wipo, ein Geistlicher aus dem Alemannischen, berichtet, die Königswahl habe „auf einem weiten, ebenen Gelände zwischen Mainz und Worms stattgefunden“. Aus anderen Quellen kennen die Historiker den genauen Ort – das Dorf Kamba, auf der rechten Rheinseite gegenüber von Oppenheim.
Dort auf freiem Feld hatten sich die mächtigsten und einflußreichsten Männer des Reiches eingestellt – vermutlich streng nach Stammeszugehörigkeit gegliedert. Zu den weltlichen Fürsten gesellten sich Bischöfe und Erzbischöfe.
Als die Versammlung in ihre entscheidende Phase trat, waren aus der Vielzahl der ursprünglich genannten Kandidaten nur noch zwei übrig geblieben. Beide hießen Konrad und entstammten einem vornehmen fränkischen Adelsgeschlecht.
Beide waren geeignet, weshalb sich die Wähler in einem Dilemma befanden. Würden sie sich für einen entscheiden, so lautete die Befürchtung, so könnte der andere sich zurückgesetzt fühlen. In dieser Situation brach der ältere der beiden Konrade den Bann. In einem persönlichen Gespräch

Auf freiem Feld fand die Königswahl von Kamba statt

Die mittelalterliche Kaiserkrone: Der Bügel trägt den Namen des ersten Salierherrschers Konrad II.

verpflichtete er sich selbst und auch seinen jüngeren Vetter darauf, die Entscheidung der Fürsten anzuerkennen.
Daraufhin begann die Wahl. Erzbischof Aribo von Mainz, in dessen Herrschaftsbereich man zu Gast war, nahm als erster das Wort und sprach sich für den älteren Konrad aus. Dem schlossen sich die meisten anderen Geistlichen und weltlichen Fürsten an. Übrig blieben nur die lothringischen Gesandten und Erzbischof Pilgrim von Köln, die den jüngeren Konrad favorisiert hatten. Sie verließen den Ort des Geschehens. Ihr Abzug verlieh der Wahl den Charakter der Einmütigkeit: Eine Königswahl mußte nach den Vorstellungen des Mittelalters einmütig sein, weil mit der Hilfe Gottes nur der Beste gewählt werden konnte.
Wenige Tage später, am 8. September 1024, wurde Konrad II. im Mainzer Dom zum König gesalbt. Konrad begründete die Dynastie der salischen Kaiser, die bis 1125 über Deutschland, Italien und Burgund herrschte und das abendländische Imperium zur Blüte führte. Er legte den Grundstein des Speyerer Domes, der die größte Kirche seiner Zeit war. In der Krypta des Domes ist Konrad mit seiner Gemahlin Gisela auch begraben.
Kamba aber, das für einen Augenblick im Rampenlicht der Geschichte gelegen hatte, sank in die Bedeutungslosigkeit zurück. So sehr, daß heute niemand mehr weiß, wo genau es sich befunden hat. Mit einiger Berechtigung erhebt wohl die Riedgemeinde Leeheim den Anspruch, auf ihrer Gemarkung habe Kamba gelegen. Ein kleiner Weiler, bestehend nur aus wenigen Gebäuden, trägt noch heute den Namen Kammerhöfe – vielleicht ein Anklang an das Dorf, in dem einst Geschichte geschrieben wurde.

Vergleichbares aus der Region:

In Trebur, wenige Kilometer von Kamba entfernt, wurde im Oktober 1076 über die Absetzung eines Salierkönigs beraten. Die deutschen Fürsten drohten Heinrich IV. mit der Wahl eines neuen Königs, falls es ihm nicht gelinge sich binnen Jahresfrist aus dem päpstlichen Bann zu lösen.

Touristische Tips:

Südlich von Leeheim liegt der Kühkopf, eine zwischen Rhein und einem Altrheinarm eingeschlossene Insel. Sie ist Naturschutzgebiet und lädt zum Wandern ein.
Auf der anderen Rheinseite bietet das Städtchen Oppenheim, erreichbar über die Rheinfähre von Geinsheim aus, eine malerische Altstadt mit hübschen Weinlokalen und die weithin bekannte Katharinenkirche mit ihren berühmten Fenstern und dem Beinhaus.

Information:

Gemeinde Riedstadt, Bahnhofstraße 1, 64560 Riedstadt, Telefon 06158/1810

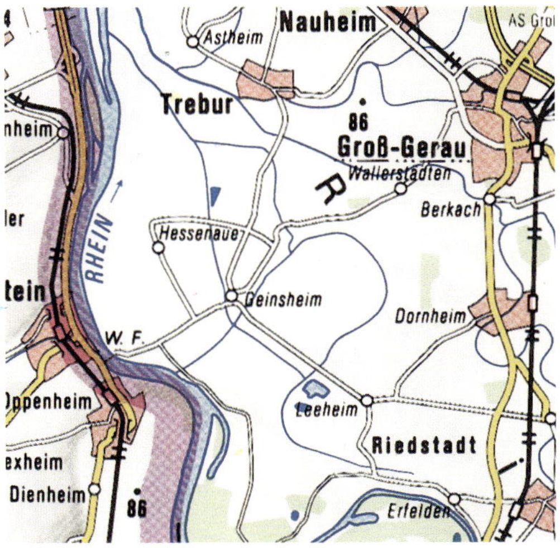

Atmosphäre wie in einer kleinen Residenzstadt: Dieburg und seine drei Schlösser

Daten aus der Geschichte:

1212–1250: Kaiser Friedrich II.

13. Jahrhundert: Bau der Wasserburg durch „dominus Heinricus".

1618–1648: Dreißigjähriger Krieg.

1661–1715: In Frankreich regiert der Sonnenkönig Ludwig XIV.

1687–1699: Bau von Schloß Stockau.

1717: Bau des barocken Fechenbach-Schlosses.

1740–1780: In Österreich regiert Maria Theresia.

1740–1786: In Preußen regiert Friedrich d. Gr.

Ab 1740: Anlage des Parks von Schloß Stockau.

1802: Die Burg geht an Freiherrn von Albini, der dort ein neues Schloß baut.

1806: Das Heilige Römische Reich Deutscher Nation wird offiziell aufgelöst.

1853: Schloß Stockau wird abgerissen.

1860: Schloß Fechenbach wird im klassizistischen Stil umgebaut.

1861–1888: Wilhelm I., zunächst preußischer König, ab 1871 deutscher Kaiser.

1871: Gründung des Deutschen Reichs in Versailles.

1888–1918: Kaiser Wilhelm II.

1902: Bau des Kreisamtes an der Stelle der Burg.

1962: Bau des Landratsamtes an der Stelle der Burg.

1992: Erweiterungsbau des Landratsamtes.

Als zu Anfang des 13. Jahrhunderts ein gewisser „Dominus Heinricus", der Herr Heinrich, in Dieburg eine Wasserburg baute, konnte er nicht ahnen, daß im Lauf der Zeit noch zwei Schlösser hinzukommen und Dieburg das Flair einer kleinen Residenzstadt verleihen würden. Die Burg war allerdings für höchst wehrhafte Zwecke gedacht, romantische Gefühle kamen beim Anblick ihrer dicken Mauern sicher nicht auf. Wer jener Herr Heinrich gewesen sein mag, entzieht sich unserer Kenntnis. Auf jeden Fall hatte er ein gutes Auge für den Bauplatz gehabt, denn die sumpfigen Gersprenzwiesen mit dem Fluß, der an einer Seite als Graben dienen konnte, ließen sich leicht verteidigen.

Die Niederungsburg, so bezeichnet, weil sie nicht auf einem Hügel lag, wies einen fast quadratischen Grundriß auf und war von zwei Mauern umgeben. Zusätzlichen Schutz boten zwei Wassergräben mit Wällen. Von der mittelalterlichen Burg ist nur noch der sogenannte Schloßturm erhalten sowie einige weitere Turm- und Bastionsreste. Außerdem existieren noch die beiden Mauern, die die Anlage mit der Stadtmauer verbanden. Ihre Glanzperiode erlebte die Burg in der zweiten Hälfte des 15. Jahrhunderts, als der abgesetzte Mainzer Erzbischof Diether von Isenburg zeitweise in ihren Mauern Zuflucht suchte.

1802 ging das Schloß in den Besitz des Staatsministers Freiherr von Albini über, der das alte und vermutlich heruntergekommene Gemäuer abreißen ließ. An seiner Stelle errichtete er an der Südseite des Quadrats in schlichten Formen ein neues Schloß, das Albini-Schloß. Die Ostseite nimmt seit 1902 das Kreisamtsgebäude in neugotischen Formen ein. Zusammen mit Wirtschaftsgebäuden des Albini-Schlosses war damit die ursprüngliche quadratische Form der Anlage wiederhergestellt, der Ein-

Sage:

Im Dreißigjährigen Krieg sollte eine adlige Dame aus Dieburg als Geisel mit den schwedischen Truppen nach Schweden gehen. Am Vorabend des Tages, an dem sie ihre Heimat verlassen mußte, betete sie zur Madonna in der Marienkapelle vor den Toren der Stadt und empfahl sich ihrem Schutz. Beim Aufbruch am nächsten Morgen geschah ein Wunder: Das Madonnenbild begleitete die Dame und blieb auch in Schweden bei ihr. Vor ihrem Tod beauftragte die Dame ihre Kammerfrau, jeden Abend vor dem Madonnenbild ein Ave-Maria zu beten. Nach einiger Zeit wurde das der Kammerfrau lästig und sie bat die Madonna, in ihre Kapelle zurückzukehren. Da verwandelte sich das Madonnenbild in eine weiße Taube und flog nach Dieburg zurück. Am nächsten Morgen stand es auf seinem alten Platz in der Kapelle. Daraufhin bauten die Dieburger anstelle der Kapelle eine große Kirche, zu der noch heute viele Wallfahrer kommen.

Kreis- und Stadtmuseum Schloß Fechenbach

druck eines geschlossenen Innenhofs blieb erhalten. Da zum Teil Fundamente der mittelalterlichen Mauern verwendet worden waren, blieben auch die Abmessungen dieselben. Die immer noch historische Raumsituation wurde 1962 durch den Neubau der Kreisverwaltung zerstört, der beziehungslos quer in das Burgquadrat hineingestellt wurde. Der zweite Erweiterungsbau des Landratsamts von 1992 hält sich dagegen wieder an die überlieferten Baufluchten und schließt das Viereck im Westen.

Steht man auf dem Dieburger Marktplatz und betritt von dort aus den kleinen Park vor Schloß Fechenbach, könnte man leicht verführt sein, dieses Schlößchen für die Residenz des ehemaligen Stadtherren zu halten. Aber die zentrale Lage und der romantische Park täuschen. Ursprünglich muß hier einmal ein mittelalterliches Gebäude gestanden haben, das in der Barockzeit durch das jetzige Schloß ersetzt wurde. Das sieht zwar nicht mehr sehr barock aus, aber das liegt daran, daß es 1860 in klassizistischen Formen umgebaut worden ist. Die große Freitreppe gar, die den Bau richtig herrschaftlich erscheinen läßt, stammt erst aus den dreißiger Jahren unseres Jahrhunderts.

Blick auf St. Peter und Paul

Von einem weiteren Schloß, außerhalb der mittelalterlichen Stadt gelegen, ist nur noch ein Teil des Schloßgartens erhalten. Die Freiherren von Groschlag hatten dort Ende des 17. Jahrhunderts das dreiflügelige Schloß Stockau gebaut. Die Parkanlage, um 1780 eine der berühmtesten Deutschlands, bestand aus verschiedenen Teilen. Zunächst wurde ein französischer Garten mit einer holländischen Partie angelegt. Später kam ein englischer Garten mit chinesischen Requisiten hinzu. Die Blütezeit von Schloß und Park war nur kurz. Mit dem Verkauf 1840 wurden sie dem Verfall und der Auflösung preisgegeben. Heute sind die Gebäude vollkommen verschwunden und nur ein kleiner Teil der Parkanlage hat überlebt, in dem die Wegeführung des französischen Gartens immer noch ablesbar ist.

Madonna über einem Portal der Wallfahrtskirche

Vergleichbares aus der Region:

Die Burg in Babenhausen entstand etwa zu derselben Zeit wie die Dieburger Burg.

Touristische Tips:

Zahlreiche Fachwerkhäuser in der Zuckerstraße und den angrenzenden Seitenstraßen lohnen einen Umweg. Der Marktplatz ist in seiner historischen Gestalt erhalten. Die Wallfahrtskirche St. Maria mit der historischen Pietà ist seit Jahrhunderten ein Anziehungspunkt für Gläubige. Das Kreis- und Stadtmuseum im Schloß Fechenbach zeigt Funde aus Dieburg und Umgebung.

Information:

Stadtverwaltung, Markt 4, 64807 Dieburg, Telefon 06071/2002-0.

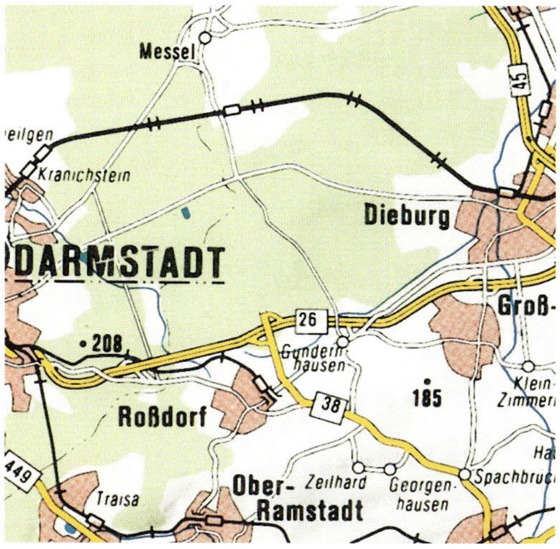

Daten aus der Geschichte:

741: Erste urkundliche Erwähnung Michelstadts: Der Hausmeier Karlmann schenkt das Gebiet an Bischof Burkhart von Würzburg.

815: Kaiser Ludwig der Fromme schenkt Einhard Besitzungen bei Michelstadt im Odenwald und Ober-Mühlheim am Main.

827: Vollendung der Einhardsbasilika, die aber schon kurz darauf aufgegeben wird. Nach Einhards Tod fällt Michelstadt an das Kloster Lorsch.

1307: Im Streit um die Besitzungen der aufgehobenen Reichsabtei Lorsch brennt Pfalzgraf Rudolf I. Stadt und Burg Michelstadt nieder. Einige Jahre später beginnt der Wiederaufbau unter Erbacher Herrschaft.

1484: Bau des spätgotischen Rathauses.

1806: Michelstadt fällt an das Großherzogtum Hessen.

Sage:

Nicht weit von Michelstadt gingen einst einige junge Männer an der Mümling entlang. Plötzlich hörten sie unter der Brücke eine Stimme: „Die Stunde ist da, der Mann noch nicht!“ In diesem Moment kam ein Mann angelaufen und wollte sich ins Wasser stürzen. Die jungen Männer hielten ihn fest und redeten auf ihn ein, aber er antwortete nicht. Schließlich nahmen sie ihn mit ins nächste Gasthaus. Da ließ er plötzlich den Kopf auf den Tisch fallen und war tot.

Information:

Verkehrsamt, Marktplatz 1,
64720 Michelstadt, Telefon 06061/74146.

Vergleichbares aus der Region:

Fränkischen Ursprungs sind ebenfalls die Klöster Lorsch und Seligenstadt.

Die Kellerei ist der ehemalige Amtssitz der Schencken von Erbach in Michelstadt

Das Herz des Odenwaldes: Michelstadt

Residenzstadt einer größeren Herrschaft ist es nie gewesen und noch heute sitzt die Verwaltung des Odenwaldkreises im benachbarten Erbach. Dennoch nennt sich das Städtchen Michelstadt mit einem gewissen Recht „Herz des Odenwaldes“. Einer der ältesten Orte der Region ist es in jedem Fall, denn die nachweisbaren Wurzeln reichen bis ins frühe Mittelalter: Im Jahr 741 schenkte der Hausmeier Karlmann, der Onkel Karls des Großen, das fränkische Königsgut von „Michelnstat“ an Burkhart, den ersten Bischof von Würzburg. Nach seinem Tod fiel der Besitz an die Krone zurück, so daß Karls Sohn Ludwig der Fromme ihn 815 an Einhard, den Ratgeber und Biographen seines Vaters, verschenken konnte. Einhard ließ in Steinbach, wenige Kilometer entfernt, eine Kirche bauen, für die er Reliquien aus Rom beschaffte. Doch schon bald erschien der Bau zu abgelegen, so daß Einhard in Seligenstadt am Main eine größere Basilika errichtete. Der Besitz Michelstadt fiel nach seinem Tod an das Kloster Lorsch.
Der Streit um die Besitzungen der mächtigen Reichsabtei im Odenwald hat die weitere Geschichte Michelstadts geprägt. 1231 übertrug Papst Gregor IX. dem Erzbischof von Mainz die Verwaltung des Klosters, und ein Jahr später schlug Kaiser Friedrich II. den Lorscher Besitz endgültig den Mainzern zu. Damit mochten sich die rheinischen Pfalzgrafen, die sich als Klostervögte Lorscher Besitz angeeignet hatten, nicht abfinden. Es entbrannte eine Fehde, in deren Verlauf Pfalzgraf Rudolf I. im Jahr 1307 Stadt und Burg Michelstadt zerstörte. Erst einige Jahre später durften die Einwohner mit dem Wiederaufbau beginnen.
Das späte Mittelalter ist die Blütezeit Michelstadts. Während Erbach über Burg und Dienstmannensiedlung noch kaum hinausgelangt war, gediehen in dem kleinen Ort Handwerk und Wirtschaftsleben. Michelstadt war zu dieser Zeit der tatsächliche Hauptort des Odenwaldes. 145[illegible] begann man mit dem Bau der heutigen Stadtkirche mit reichem spätgotischen Schmuckwerk.
Ins Jahr 1484 fällt der Bau jenes Gebäudes, das Michelstadt weithin berühmt gemacht hat: Auf mächtigen Eichenpfosten ruht das spätgotische Fachwerk-Rathaus mit seinen markanten Türmchen. Ein solches Rathaus hatte im Mittelalter eine viel umfassendere Bedeutung als heute. Natürlich versammelten sich dort die Vertreter der bürgerlichen Gemeinde, die Ratsherrn. Ein Rathaus diente zur Aufbewahrung städtischer Unterlagen oder auch – so war es in Michelstadt – als Speicher für die Naturalabgaben, den Zehnten. Wichtiger war ein Rathaus jedoch als Zentrum städtischen Lebens. Im Erdgeschoß des Michelstädter Rathauses, das ursprünglich nach allen Seiten offen war, hängt noch heute eine Waage. An einem der tragenden Pfosten ist eine eiserne Elle eingelassen. Waage und Elle dienten als Muster für die Maßeinheiten, die in Michelstadt üblich waren. Die Besucher des Marktes, der bei schlechtem Wetter in die Rathaushalle verlegt wurde, konnten so jederzeit nach-

Touristische Tips:

Michelstadt liegt an der Deutschen Fachwerkstraße.
In Michelstadt lohnt in jedem Fall ein Bummel durch die Altstadt rund um das Rathaus. Auch abseits der Hauptwege gibt es viele schöne Perspektiven zu entdecken.
Das Odenwaldmuseum in der alten Burg (Kellerei) ist ein Regionalmuseum und zeigt unter anderem landschaftstypische Möbel, Werkzeuge, Haushaltsgeräte und Keramik.
Im Spielzeugmuseum im Amtshaus der Kellerei sind Spielsachen aller Art und aus verschiedenen Ländern zu sehen.
In der ehemaligen Synagoge ist das Landesrabbiner Dr. I. E. Lichtigfeld-Museum untergebracht.
Neben dem historischen Rathaus sind in einem privaten Elfenbeinmuseum Werke des Schnitzermeisters Ulrich Seidenberg und andere Kunstwerke zu sehen.
Das Motorrad-Museum von Hans-Jürgen Künzel, Walther-Rathenau-Allee 17, wartet mit Zweirädern der vergangenen 70 Jahre auf.
Zwischen den Stadtteilen Vielbrunn und Würzberg liegt das Jagdschloß Eulbach. Graf Franz I. ließ dort 1771 ein Jagdhaus bauen, das später erweitert wurde. Der Englische Garten wurde von Ludwig von Skell entworfen, der auch den Englischen Garten in München gestaltet hat. Im Park befinden sich zahlreiche römische Überreste, die Franz I. im Odenwald einsammeln ließ. Teil des Gartens ist ein Wildgehege.
In der Nähe des Stadtteils Würzberg finden sich die restaurierten Überreste eines römischen Bades. Im fürstlich leiningschen Wildgehege können Wildschweine gefüttert werden.
In Steinbach steht mit der Einhardsbasilika eine der wenigen erhaltenen karolingischen Basiliken nördlich der Alpen.
Ende des 13. Jahrhunderts entstand unweit des Stadtteils Steinbach Schloß Fürstenau.

Das Michelstädter Rathaus

messen und nachwiegen, was sie gekauft hatten. Im Untergeschoß des Rathauses tagte auch das Zentgericht: Erinnerung an die alte germanische Sitte, wonach Gerichtsverhandlungen und andere wichtige Versammlungen im Freien stattfanden. Dem Zentgericht, an dessen Spitze der Zentgraf saß, oblag die einfache Gerichtsbarkeit über Bauern und Bürger der Umgebung. Die höhere Gerichtsbarkeit bei Mord und anderen schweren Verbrechen lag in der Regel beim Landesherrn oder seinem Vertreter. Der Name Zent geht vermutlich auf die lateinische Bezeichnung „centena" zurück, die Hundertschaft. Im späten Mittelalter bezeichnete sie einen Verwaltungs- und Gerichtsbezirk innerhalb eines größeren Territoriums. Gemarkungsnamen, zum Beispiel das „Unterzent" im vorderen Odenwald, erinnern noch heute an diese alte Einteilung.

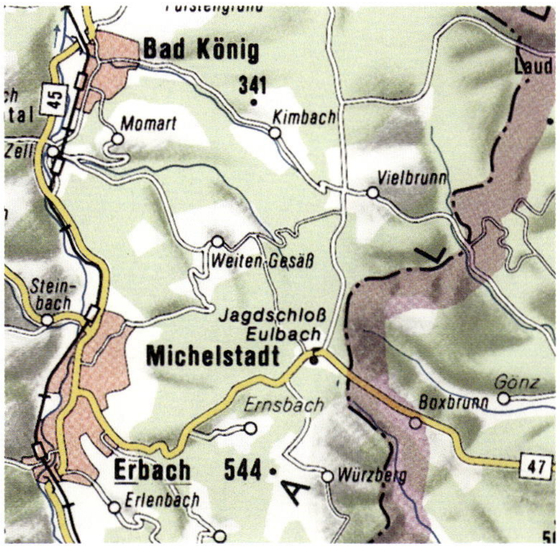

Kaiser Friedrich II., dargestellt in seinem Falkenbuch

Heute ein Naherholungsgebiet – früher ein Zankapfel: Der Odenwald

Klöster und ihre Bewohner kommen heutzutage in der Tagespolitik nicht mehr vor. Das war nicht immer so. Im Gegenteil: Im Mittelalter waren die Klöster fest in die Politik eingebunden. Könige und Mächtige bedienten sich ihrer, die Konvente betrieben aber auch eigene Politik. Das galt besonders für die großen Reichsabteien, die oft über weit mehr Land verfügten, als zum Unterhalt der Mönche und Nonnen nötig war. Das war auch bei Kloster Lorsch der Fall, das ein großes Gebiet erwarb, indem es planmäßig Rodungen im Odenwald vornahm und so bis an den Rhein und bis nahe an Erbach und Michelstadt vordrang.

Viel Macht erweckt viele Begehrlichkeiten: Gerade die eigenen Lorscher Ministerialen und Vögte waren es, die im Lauf der Zeit versuchten, sich ein Stück aus dem Kuchen „Odenwald" herauszuschneiden. Der König übertrug die Reichsabtei 1232 dem Mainzer Erzbischof und überließ sie ihrem Schicksal. Bei der nun folgenden Auseinandersetzung zwischen dem Mainzer Erzbischof und den Lorscher Vögten, den Pfalzgrafen, ging es nur vordergründig um das weitere Schicksal des Klosters. In Wirklichkeit wollten beide nur eines: Die Ländereien der Abtei hauptsächlich im Odenwald untereinander aufteilen. Natürlich gönnte dabei keiner der beiden dem jeweils anderen auch nur das kleinste Stückchen Erde. Der Odenwald wurde für nicht weniger als 500 Jahre zum Zankapfel zwischen den beiden Fürsten.

Dabei geriet der Odenwald immer mehr zu einem territorialen Flickenteppich, aus dem sich nur langsam geschlossene Gebiete herausschälten. Wechselndes Kriegsglück tat ein übriges, um die Gegend nicht zur Ruhe

Die Veste Otzberg ist das Wahrzeichen des Dieburger Landes

Daten aus der Geschichte:

Ab 1170: Der Lorscher Kodex entsteht als Versuch, dem Auseinanderdriften der klösterlichen Besitztümer durch Erfassung in einer Liste vorzubeugen.

Spätes 12. Jahrhundert: Die Pfalzgrafen werden Vögte von Kloster Lorsch.

1232: Kaiser Friedrich II. überträgt die bisherige Reichsabtei an den Erzbischof von Mainz.

1247: Vertrag von Bingen: In einem ersten Vertrag zwischen dem Pfalzgrafen und dem Erzbischof von Mainz wird eine vorläufige Abgrenzung der Interessen vorgenommen.

2. Hälfte des 15. Jahrhunderts: In der Mainzer Stiftsfehde wird der gesamte Mainzer Besitz aus dem Lorscher Erbe an den Pfalzgrafen verpfändet.

1557: Kloster Lorsch wird aufgehoben.

1648: Im Westfälischen Frieden wird die Auslösung der Pfänder bestätigt, die der Erzbischof von Mainz im Dreißigjährigen Krieg vorgenommen hatte.

1714: Die Mainzer und pfälzischen Gebiete im Odenwald werden endgültig gegeneinander abgegrenzt. Die damals festgelegten Grenzen entsprechen zum Teil den heutigen Landesgrenzen.

Das ehemalige Kommandantenhaus der Veste

kommen zu lassen. Nach der Mainzer Stiftsfehde in der zweiten Hälfte des 15. Jahrhunderts, bei der zwei Kandidaten Anspruch auf den Erzbischofsthron erhoben, sah es so aus, als habe der Pfalzgraf den Kampf um die Besitzungen im Odenwald erst einmal gewonnen. Diether von Isenburg, einer der beiden Kandidaten, hatte sich die Unterstützung des Kurpfälzers nämlich nur durch die Verpfändung der mainzischen Besitzungen im Odenwald an ihn erkaufen können. Mit Ausnahme der beiden Herrschaften Erbach und Breuberg, die sich inzwischen im Windschatten der beiden großen Mächte fest etabliert hatten, war nun praktisch der ganze Odenwald in pfälzischer Hand.
Mochte sich der Pfalzgraf als vorläufiger Sieger fühlen, so hatte der Erzbischof von Mainz doch den längeren Atem: Zwar hatte er im Augenblick nicht die Mittel, die Pfänder auszulösen, aber er vergaß sie auch nicht. Im Dreißigjährigen Krieg, in dem die beiden Fürsten auf verschiedenen Seiten standen, war es endlich soweit. Die Pfandschaften aus dem Mittelalter wurden eingelöst, ihre Einlösung im Westfälischen Frieden 1648 bestätigt. Damit war das letzte Wort aber immer noch nicht gesprochen. Erst 1714 kam es zu einer endgültigen und dauerhaften Abgrenzung der Interessensphären. Ihre Spuren lassen sich heute noch auf jeder Landkarte wiederfinden, denn die Grenzziehungen von damals entsprechen teilweise den heutigen Landesgrenzen zwischen Bayern, Baden-Württemberg, Hessen und Rheinland-Pfalz.

Vergleichbares aus der Region:

Das Schicksal der Bergstraße war politisch eng mit dem des Odenwalds verknüpft, so daß sie oft gleichzeitig den Besitzer wechselten. Ebenso wie der Odenwald hat auch die Bergstraße sich heute in ein touristisches Naherholungsgebiet verwandelt.

Touristische Tips:

Ein besonders heftig umstrittener Zankapfel war die Veste Otzberg. Ursprünglich war die Burg vom Kloster Fulda angelegt worden, das sie im 12. Jahrhundert als Lehen an den Pfalzgrafen vergab. 1390 wurden die Pfalzgrafen rechtmäßige Eigentümer der Burg und der dazugehörigen Burgmannensiedlung Hering. Trotz mehrfacher Eroberung durch andere Mächte gelang es den Pfälzern, den Otzberg in der Hand zu halten und sich seinen Besitz im Westfälischen Frieden 1648 endgültig bestätigen zu lassen. Heute ist in der Veste ein liebevoll gestaltetes volkskundliches Museum untergebracht, das zahlreiche Sonderausstellungen und -veranstaltungen in seinem Programm hat. Als Filiale des Museums besteht im alten Rathaus von Otzberg-Lengfeld ein Spielzeugmuseum.

Information:

Fremdenverkehrsverband Odenwald, Bergstraße, Neckartal e.V., Marktplatz 1, 64720 Michelstadt, Telefon 06061/666

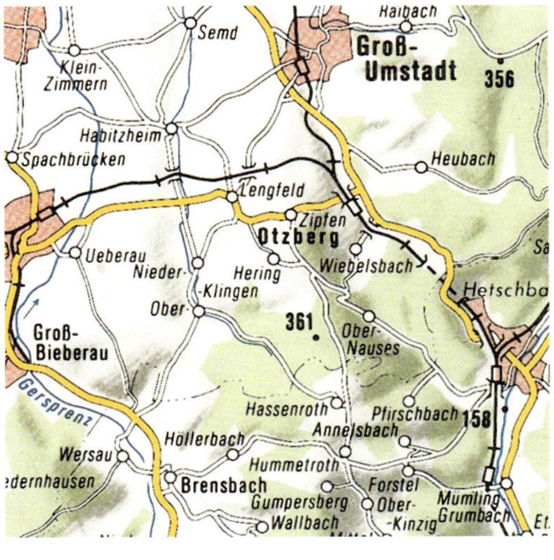

Daten aus der Geschichte:

1212–1250: Kaiser Friedrich II.

1236: Erste urkundliche Erwähnung Babenhausens.

1255: Nach dem Aussterben der Familie der Münzenberger fällt Babenhausen an die Hanauer.

1295: Babenhausen erhält Stadtrechte und einen Wochenmarkt.

1458: Babenhausen wird Residenzstadt für die Linie Hanau-Babenhausen.

1458–1578: Repräsentativer Ausbau der Burg.

1472: Die Kirche erhält ein neues Langschiff.

1480: Philipp I. erbt die Lichtenberger Besitzungen im Unterelsaß. Die Linie nennt sich nun Hanau-Lichtenberg.

1493–1519: Kaiser Maximilian I., der „letzte Ritter".

1518: Der geschnitzte Flügelaltar für die Kirche ist fertiggestellt.

1544: Das Burgmannenhaus wird gebaut.

1740–1780: In Österreich regiert Maria Theresia.

1740–1786: In Preußen regiert Friedrich d. Gr.

1771: Die Hanauer sterben aus.

1806: Das Heilige Römische Reich Deutscher Nation wird offiziell aufgelöst.

1810: Babenhausen fällt an das Großherzogtum Hessen-Darmstadt.

Vergleichbares aus der Region:

Die Burg entstand etwa gleichzeitig mit der Burg in Dieburg und der Kaiserpfalz in Gelnhausen. Als Residenzstadt ist Babenhausen vergleichbar mit Büdingen, wo die Fürsten von Isenburg-Büdingen heute noch ihren Wohnsitz haben.

Seit über 500 Jahren verschwistert: Babenhausen und Bouxwiller im Elsaß

Wenn zwei Gemeinden aus verschiedenen Ländern sich verschwistern, dann ist das fast wie eine Eheanbahnung: Sorgfältig wird geprüft, ob die beiden Kandidaten Gemeinsamkeiten haben, die auf eine harmonische Beziehung hoffen lassen. Babenhausen und Buchsweiler/Bouxwiller im Elsaß hatten es da viel einfacher: Sie konnten sich den langwierigen Prozeß der Partnersuche sparen, denn sie gehören schon seit 1480 zusammen. In diesem Jahr erbte Philipp I., Graf von Hanau-Babenhausen, von seinem Schwiegervater Jakob dem Bärtigen von Lichtenberg die Hälfte seiner elsässischen Besitzungen. Hauptort dieses Ländchens war Buchsweiler.

Babenhausen war erst gut zwanzig Jahre zuvor Residenzstadt geworden, als sich die Familie der Grafen von Hanau 1458 in zwei Linien aufgeteilt hatte. Die Stammväter der neuen Linien hießen beide Philipp und waren Onkel und Neffe. Der Neffe behielt die hanauischen Stammlande rechts des Mains und residierte auf Burg Münzenberg; der Onkel bekam die Gebiete links des Mains und zog nach Babenhausen. Die Stadt lag verkehrsgünstig an einer Handelsstraße, die vom Odenwald und von Bayern nach Frankfurt führte. Deshalb hatte sie schon seit 1295 Stadtrechte und einen Wochenmarkt und war auch etwa seit dieser Zeit mit einer starken Stadtmauer befestigt. Standesgemäße Unterkunft bot dem Grafen die Wasserburg, die noch aus der staufischen Epoche stammte. Eine offene romanische Halle und Teile der Burgkapelle zeugen heute noch von dieser Bauphase.

Als Graf Philipp 1458 dort einziehen wollte, entsprach die Burg allerdings kaum noch den inzwischen verfeinerten Vorstellungen von Wohnkomfort. Ein Um- und Ausbau ließ sich nicht vermeiden. 120 Jahre lang, von 1458 bis 1578, war an irgendeiner Ecke des Areals immer eine Baustelle zu finden, wollte der Baulärm nicht verstummen. Das Ergebnis war

Burgmannenhaus und Breschturm

eine vierflügelige geschlossene Anlage mit Gebäuden aus verschiedenen Perioden, die den Vorteil hatte, nicht nur komfortabel zu sein, sondern auch ausgesprochen wehrhaft zu wirken.
Als nächstes kam die Stadtkirche St. Nikolaus an die Reihe, die 1472 ein neues Langhaus erhielt. Das Innere wurde mit Fresken bunt ausgemalt; unter anderem wurde um 1480 an einer Seitenschiffwand der Kirchenpatron St. Nikolaus verewigt. Besondere Aufmerksamkeit verdient der geschnitzte Flügelaltar aus Lindenholz, in dem Reliquien aufbewahrt werden. Mittelpunkt und Blickfang des Altars sind sieben überlebensgroße stehende Figuren, von denen eine wieder den Kirchenpatron St. Nikolaus darstellt. Das imposante Schnitzwerk entstand 1518; sein Schöpfer ist unbekannt, dürfte aber der Schule des Mainzer Bildhauers Hans Backoffen nahegestanden haben.
Keine Hofhaltung ohne Hofstaat: Die Adligen hielten allerdings auf einen gewissen Abstand zur Stadtbevölkerung und siedelten sich alle in derselben Straße an, der Amtsgasse. Dort stehen heute noch die Höfe der Familien Geiling von Altheim und von Bernstorff und Haxthausen, imposante Fachwerkgebäude, die ihr Alter und ihre einstige Bedeutung mit Würde tragen. Ebenfalls in diese Reihe gehört das Amtshaus, direkter Nachbar der eben genannten Adelshöfe. Eine dritte Familie hatte sich in unmittelbarer Nähe der Stadtmauer angesiedelt: Das sogenannte Burgmannenhaus gehörte den Herren von Babenhausen. Das aus Stein gemauerte Gebäude wirkt mit seinem Treppengiebel echt mittelalterlich, wurde aber laut einer Jahreszahl über der Haustür 1544 gebaut. 1771 war es für Babenhausen vorbei mit der Residenzherrlichkeit: Nach dem Aussterben der Hanauer kam die Stadt nach langwierigen Streitigkeiten 1810 zum Großherzogtum Hessen-Darmstadt.

Der Innenraum von St. Nikolai

Touristische Tips:
Babenhausen liegt an der Deutschen Fachwerkstraße; zahlreiche Fachwerkhäuser zieren die Hauptstraßen der Stadt.
Einen reizvollen Kontrast zum mittelalterlichen Stadtzentrum bildet die Kasernenanlage aus der Jahrhundertwende am Stadtrand. Im historisierenden Stil gebaut, nimmt sie manche Elemente aus der Innenstadt wieder auf.
Der Judenfriedhof aus dem 19. Jahrhundert ist eines der wenigen erhaltenen Beispiele einer jüdischen Begräbnisstätte in der Region.

Information:

Stadtverwaltung Babenhausen, Marktplatz 2, Postfach 1190, 64824 Babenhausen, Telefon 06073/602-0

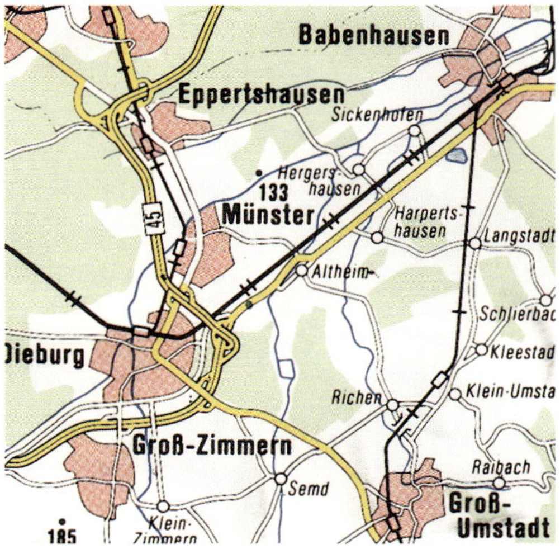

Daten aus der Geschichte:

751–768: König Pippin.

766: König Pippin schenkt die Stadt dem Kloster Fulda.

768–814: Karl d. Gr.

1356: Die Goldene Bulle regelt die Königswahl durch die Kurfürsten und gibt ihr feste Formen.

1390–1803: Die Stadt hat zwei Herren: Den Pfalzgrafen und die Grafen von Hanau, später die Landgrafen von Hessen.

Um 1450: Abriß des mittelalterlichen Pfälzer Schlosses; Neubau.

1453: Eroberung Konstantinopels durch die Türken.

1604–1605: Bau des Renaissance-Rathauses.

1618–1648: Dreißigjähriger Krieg.

1661–1715: In Frankreich regiert Ludwig XIV.

1727–1747: Umbau des noch mittelalterlichen Darmstädter Schlosses zu einer barocken Dreiflügelanlage.

Sage:

Umstadt, so geht die Sage, habe früher Dummstadt geheißen, Darmstadt dagegen Armstadt. Natürlich wollten die Umstädter aber nicht dumm geheißen werden und die Darmstädter nicht arm. Deshalb wandten sich die beiden Städte an den Landgrafen und baten um Änderung ihrer Namen. Der Graf fällte ein geradezu salomonisches Urteil: Er nahm den Dummstädtern das D und gab es den Armstädtern. So wurde aus Dummstadt Umstadt und aus Armstadt Darmstadt, und beiden war geholfen.

Das Spätmittelalter

Von den Bürgern der Städte wurde im Mittelalter erwartet, daß sie sich wie alle anderen Untertanen dem jeweiligen Landesherrn und letztendlich dem König unterordneten. Eigene Rechte als Stadtbürger besaßen sie nicht , sie mußten sich regieren lassen. Das änderte sich im Spätmittelalter. Das Amt des Bürgermeisters entstand, der Stadtrat wurde ins Leben gerufen. Einige Städte brachten es gar zur freien Reichsstadt: Sie erkannten außer dem König keinen anderen Herrn mehr an. Nicht alle Städte erreichten diesen Grad an Unabhängigkeit: Der Adel erkannte nämlich schnell das wirtschaftliche Potential, das in den Städten steckte und gründete nun seinerseits welche. Bald gab es kaum noch eine Burg, zu deren Füßen nicht ein Städtchen lag, besonders wenn die Lage verkehrsgünstig war. Daneben gab es aber weiterhin die Tendenz, sich von der Welt zurückzuziehen und die religiöse Abgeschiedenheit zu suchen. Zahlreiche einsam gelegene Klöster, Wallfahrtskirchen und Einsiedeleien zeugen davon.

Jedem seine Ecke: Zwei Stadtherren teilen sich die Herrschaft über Groß-Umstadt

Hier Pfälzer Schloß, dort Hanauer beziehungsweise Darmstädter Schloß: Die beiden Stadtherren von Groß-Umstadt hielten auf Abstand. Während der Vertreter des Pfalzgrafen in der Südwestecke der quadratischen Altstadt residierte, hatte sich sein hanauischer beziehungsweise Darmstädter Amtsbruder in die Nordostecke zurückgezogen. Von 1390 bis 1803 war die Stadtherrschaft über Groß-Umstadt geteilt. Die Teilung der Herrschaft verdankte Groß-Umstadt dem Kloster Fulda, dem König Pippin 766 die gesamte Stadt geschenkt hatte. Als Verwalter setzten die Mönche dort die Grafen von Hanau ein, die ihren Auftraggebern schließlich die Hälfte der Besitzrechte abkauften. Sie wurden später von den Landgrafen von Hessen abgelöst. Die Pfalzgrafen als Rechtsnachfolger der Fuldaer Abtei verfügten über die andere Hälfte.

Ursprünglich waren es zwei regelrechte Burgen, die da in den strategisch wichtigen Ecken der Stadtmauern standen und mit ihren Türmen und der wehrhaften Umwallung gleichzeitig dem Schutz der Stadt dienten. Irgendwann siegte das Bedürfnis nach mehr Komfort, und die beiden Burganlagen wurden zu bequemen Schlössern umgebaut, die über allerlei Annehmlichkeiten verfügten. So präsentiert sich das Darmstädter Schloß heute als eine barocke Anlage, in der nur noch Fachleute die Reste der mittelalterlichen Burg erkennen. Von dem 1727 bis 1747 neugestalteten dreiflügeligen Bau sind nur noch zwei Flügel vorhanden; der dritte fiel 1952 der Spitzhacke zum Opfer. Schon viel früher, nämlich 1450, war im Pfälzer Schloß die Burg zugunsten eines modernen Schloßbaus aufgegeben worden. Die Stadtherren persönlich allerdings waren in ihren Groß-Umstädter Häusern nur im Ausnahmefall anzutreffen.

Rathaus und evangelische Kirche in Groß-Umstadt

Vergleichbares aus der Region:

In Bensheim sind ebenfalls noch mehrere Höfe verschiedener adliger Familien erhalten, ebenso wie in Babenhausen.

Touristische Tips:

Das Gruberhofmuseum (Raibacher Tal 22) ist mit seinen ständig wachsenden volkskundlichen Sammlungen, Aktionstagen und vielen Vorführungen ein besonderer Besuchermagnet.
Ein Bummel durch die Stadt mit ihren zahlreichen Fachwerkhäusern und Einkehr in einer Straußwirtschaft (Groß-Umstadt ist der Mittelpunkt der „Groß-Umstädter Weininsel") verschaffen einen guten Eindruck vom behaglichen und zugleich lebendigen Flair der Stadt. Groß-Umstadt liegt an der Deutschen Fachwerkstraße.

Information:

Stadtverwaltung, Markt 1, 64823 Groß-Umstadt, Telefon 06078/781264

Während der Pfalzgraf in Heidelberg und der hessische Landgraf in Darmstadt sich vermutlich anderen Dingen als der Verwaltung ihres Groß-Umstädter Besitzes widmeten, hatten ihre Burgmannen vor Ort sowohl den politischen und militärischen Anspruch aufrechtzuerhalten als auch die Wirtschaftseinkünfte zu verwalten. Jeder der beiden Herrensitze war auch ein kleiner Wirtschaftsbetrieb und bildete den Mittelpunkt der Ländereien, die dem jeweiligen Landesherrn in der Umgebung gehörten. Wahrscheinlich wollten die hohen Herren schon damals nur ungern auf Groß-Umstädter Wein verzichten. Um auch an ihrem Dienstort nicht auf die Bequemlichkeit eines eigenen Wohnhauses verzichten zu müssen und außerdem unbehelligt eigenen Geschäften nachgehen zu können, errichteten die Burgmannen in Groß-Umstadt eigene Wohnsitze. Sieben Adelshöfe waren es schließlich, von denen heute noch das Rodensteiner Schloß, das Wamboltsche Schloß und der Hof der Familie von Heddersdorf bestehen.
Die Bürger von Groß-Umstadt focht das prekäre Verhältnis zwischen ihren beiden Stadtherren nicht an. Sie gingen ruhig ihren Geschäften nach und waren dabei bemerkenswert erfolgreich. Das aufwendige Renaissance-Rathaus (1604–1605), das zu den stilistisch bedeutendsten seiner Zeit zählt, spricht für das ungebrochene Selbstbewußtsein der Einwohner. Ruhig und behäbig erhebt es sich am Marktplatz, durch die großen Giebel, das prachtvolle Zwerchhaus und das Prunkportal seinen Anspruch dokumentierend, neben den zahlreichen Schlössern und Adelssitzen ernst genommen zu werden. Auch ein Bummel durch die Straßen der Stadt läßt immer wieder denselben Eindruck entstehen: Die Groß-Umstädter ließen sich nicht einschüchtern und hatten auch keine Scheu, ihre Wohlhabenheit zu zeigen.

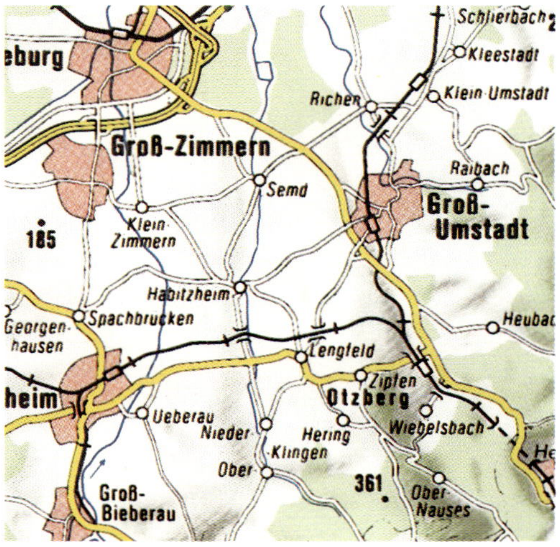

Daten aus der Geschichte:

1270: Erste urkundliche Erwähnung eines Johann von Hirschhorn.

1314–1347: König Ludwig der Bayer.

1317: Erste Nennung der Burg.

1391: Die Herren von Hirschhorn erhalten von König Wenzel das Recht, die Stadt zu befestigen.

1396: Hirschhorn erhält Stadtrechte.

1404: Hirschhorn bekommt von König Ruprecht einen Wochenmarkt verliehen.

1404: Mit dem Bau des Karmeliterklosters erhält Hirschhorn eine eigene Stadtpfarrkirche. Die bisher als Pfarrkirche genutzte Kirche von Ersheim dient nun als Friedhofskapelle.

1406: Ältestes erhaltenes Stadtsiegel.

1413: Erste Erwähnung der Vorstadt; dadurch wird der ältere Teil der Stadt zum „Hinterstädtel“.

1519–1556: Regierungszeit Kaiser Karls V., in dessen „Reich die Sonne nicht untergeht“.

1556: Stadtbrand.

1618–1648: Dreißigjähriger Krieg.

1632: Mit dem Tod Friedrichs von Hirschhorn stirbt die Familie aus.

Sage:

Friedrich von Hirschhorn war mit Hans von Handschuhsheim in einem Ehrenhändel aneinander geraten. Er verletzte seinen Gegner so schwer, daß der einige Zeit später an seinen Wunden als letzter seines Geschlechts starb. Die verzweifelte Mutter soll Friedrich von Hirschhorn gewünscht haben, daß auch er als letzter seines Stammes sterbe. Der Fluch zeigte Wirkung: Mit Friedrich von Hirschhorn starb das Geschlecht 1632 aus.

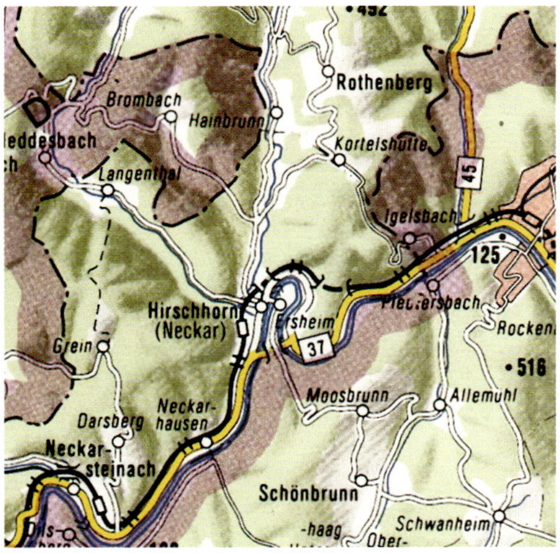

Geborgen zwischen Fluß und Hang: Hirschhorn schmiegt sich in eine Biegung des Neckars

Geborgenheit: Das ist wohl das Wort, das am besten die Lage von Hirschhorn beschreibt. Die Keimzelle, das Dorf Ersheim, schmiegt sich in eine Flußschleife des Neckars; die eigentliche Stadt Hirschhorn am anderen Ufer kuschelt sich im Schutz der Burg und des Karmeliterklosters an die Hänge und zieht sich am Wasser entlang. Ringsum von einer Stadtmauer umgeben, mochten sich die Bürger der Stadt in ihren Straßen so sicher und so heimelig fühlen wie in der eigenen guten Stube. Es gab nur einen Feind, dem die Mauer nicht immer standzuhalten vermochte: Den Fluß. Mal brachte Eisgang auf dem Wasser Teile der Mauer zum Einsturz, mal stieg das Hochwasser derartig, daß es durch die Schießscharten in die Gassen lief. Zahlreiche Hochwassermarken zeugen im unteren Teil der Stadt von der häufigen Heimsuchung durch das Wasser.

Gut einhundert Jahre lang mußten die Hirschhorner Bürger den Fluß mindestens einmal in der Woche überqueren, nämlich immer dann, wenn sie zum Gottesdienst wollten. Die Pfarrkirche der Stadt lag bis 1404 im Dorf Ersheim auf dem gegenüberliegenden Neckarufer. Ersheim, bereits 773 als Besitz des Klosters Lorsch erwähnt, war die erste Siedlung im Bereich der heutigen Stadt Hirschhorn. Die Burg, Stammsitz des gleichnamigen Geschlechts, wurde erst im ausgehenden 12. Jahrhundert gebaut; 1317 wird sie erstmals in einer schriftlichen Quelle erwähnt. Für die politischen Ambitionen der Herren von Hirschhorn reichte das bescheidene Dorf Ersheim allerdings nicht mehr aus. Eine Stadt mußte her, und zwar unmittelbar unterhalb der Burg. So wurde die Stadt Hirschhorn gegründet. Der ältere Teil ist noch heute im Straßenbild deutlich von der jüngeren Vorstadt zu unterscheiden und als „Hinterstädtel“ bekannt.

1391 verlieh König Wenzel den Brüdern Hans V., Albrecht und Eberhard von Hirschhorn das Recht, Hirschhorn zu einer Stadt zu machen. Das hieß zunächst einmal, daß die Siedlung mit einer Stadtmauer umgeben wurde. 1396 wurden die Bemühungen der Herren von Hirschhorn um den Ausbau der Siedlung durch die Verleihung der Stadtrechte abgeschlossen. 1404 kam noch das Marktrecht hinzu. Im selben Jahr kamen, von den Herren von Hirschhorn gerufen, die Karmeliter in die Stadt. Damit entfiel die wöchentliche Überfahrt zur Kirche, denn die Klosterkirche diente als Stadtpfarrkirche. Sie ragt heute noch unterhalb der Burg über den Häusern auf. Sie diente nicht nur als geistliches Zentrum für die Bürger, sondern auch als Grablege für die hohen Herren von der Burg. Zahlreiche Grabsteine im Inneren der Kirche erinnern an sie und lassen uns mit diesen Adligen längst vergangener Zeiten ein wenig Bekanntschaft machen.

Zuvor mußten die Herren von Hirschhorn sich wie alle anderen über den Fluß nach Ersheim begeben, wenn sie die Kirche besuchen wollten, und hier wurden sie seit 1360 auch begraben. Das Dorf Ersheim wurde im 16. Jahrhundert aufgegeben, die Bewohner zogen es vor, im sicheren Schutz der Stadtmauern zu leben. Die Kirche allerdings, den Heiligen Nazarius und Celsus geweiht, wurde weiter benutzt, ebenso wie die

Hirschhorn: Gesamtansicht von Burg und Stadt

Begräbnisstätte, die sie umgab. Ein Besuch in der gotischen Kirche ist ein farbenprächtiges Erlebnis: Wandmalereien aus dem 14. Jahrhundert, „flotte Darstellungen auf blauem Grund“ nach der Beschreibung eines Kunstführers, stellen Propheten, Apostel und Heilige dar. Auch auf dem Friedhof haben sich Zeugnisse aus der Vergangenheit erhalten: Ein Ölberg, eine Totenleuchte und mehrere Bildstöcke.

Wie eine Glucke, behäbig und breit, thront die Burg über der Stadt. Mit geübtem Blick erkannten die Herren von Hirschhorn die strategisch günstige Lage des Bauplatzes: Auf einem Bergrücken zwischen Neckar- und Finkenbachtal, mit kilometerweiter Aussicht in alle Richtungen. An der höchsten Stelle findet sich die ursprüngliche romanische Kernburg, der erst in gotischer Zeit ein Bergfried angefügt wurde. Der Palas, zunächst ebenfalls im gotischen Stil errichtet, wurde 1583–1586 gründlich umgebaut und präsentiert sich nun als eindrucksvoller Renaissancebau. Hier findet sich auch die ehemalige Burgkapelle aus dem 14. Jahrhundert mit Resten von Wandmalereien.

Vergleichbares aus der Region:

Neckarsteinach weist eine ähnliche Lage am Neckar auf; auch das Stadtbild ähnelt dem von Hirschhorn. Allerdings wird Neckarsteinach nicht nur von einer, sondern gleich von vier Burgen überragt.

Touristische Tips:

Die katholische Stadtkirche zu Unbefleckten Empfängnis Mariä, 1628–30 als evangelische Kirche erbaut, verfügt als eine besondere Kuriosität über einen Kirchturm, dessen Untergeschoß aus einem ehemaligen Torturm der Stadtmauer besteht.

Fachwerkhäuser, deren Untergeschosse teilweise noch aus dem Mittelalter stammen, sind besonders in der Hauptstraße zu finden. Sie sind teilweise auf die Stadtmauer gebaut.

Das „Haus des Gastes“ (Alleeweg 2), die ehemalige Großherzogliche Oberförsterei, beherbergt im Ober- und Dachgeschoß das „Langbein-Museum“. Hier ist die „Naturalien- und Altertümersammlung“ des Hirschhorner Gastwirts Carl Langbein (1816–1881) untergebracht. Die Sammlung ist sehr vielfältig und umfaßt ausgestopfte Vögel ebenso wie Kunstwerke und kunsthandwerkliche Objekte, Trachten, Bücher und altertümliches Werkzeug.

Information:

Verkehrsamt, Alleeweg 2, 69434 Hirschhorn, Tel. 06272/1742 oder 2081

Das Schwalbennest über Hirschhorn

Fleißige „Häuslebauer“ am Werk: Vier Burgen über Neckarsteinach – das Werk einer Familie

Unten im Tal der Fluß, am Hang eine Stadt, und darüber, auf der Höhe, thront eine Burg: An vielen deutschen Flüssen ein gewohntes Bild. Wenn statt einer Burg aber gleich vier über das Städtchen Neckarsteinach zu ihren Füßen wachen, dann ist das ungewöhnlich und verdient eine nähere Betrachtung. Eine geradezu schwäbisch anmutende „Häuslebauer“-Mentalität führte zu dieser Anhäufung wehrhafter Bauten. Die fleißigen Bauherren gehörten der Familie der Herren von Steinach an.

Kurz nach 1100 entstand die Hinterburg, zukünftig die Stammburg der Herren von Steinach. Am Hang gelegen, bilden die Burgmauern ein Fünfeck. An der Bergseite sollten ein Graben und der massive Bergfried Feinde fernhalten. Die ganze Anlage war sorgfältig aus Buckelquadern gemauert, die Außenmauern wurden durch Schrägsockel gestützt. Pfusch am Bau gab es auf der Hinterburg jedenfalls nicht. Komfort allerdings gab es zunächst wohl auch nicht. Der frühgotische Palas, das herrschaftliche Wohngebäude mit Blick auf den Neckar, ist ein gutes Jahrhundert jünger.

Bligger II. von Steinach machte gleich zweifach Karriere: In der Politik als enger Gefolgsmann Kaiser Friedrich Barbarossas, in der Kunst als weithin bekannter und gerühmter Minnesänger. Er nahm an der Hinterburg umfangreiche Vergrößerungen vor. Derweil war es seinem jüngeren Bruder Conrad von Steinbach dort wohl zu eng geworden. Er baute sich um 1165/1170 eine eigene Burg, die Mittelburg unmittelbar neben der Hinterburg. Auch hier solide Handwerksarbeit und Zweckmäßigkeit: Feste Außenmauern und ein wehrhafter Bergfried. Um 1600 wurde die Burg in ein zierliches Renaissanceschloß mit Säulengalerien und Bogenhallen verwandelt. Dabei blieb es nicht: Gegen 1820, als romantische Vorstellungen über mittelalterliche Burgen die Runde machten, sollten

Blick über die Stadt

Daten aus der Geschichte:

Um 1100: Bau der Hinterburg.

1152–1210: Bligger II. von Steinach.

1152–1190: Kaiser Friedrich Barbarossa.

1165/1170: Bau der Mittelburg durch Conrad von Steinbach, den jüngeren Bruder Bliggers II.

Um 1210: Bau der Vorderburg durch Bligger III.

1215–1250: Kaiser Friedrich II.

Um 1230: Bligger V., Sohn Ulrichs I. von der Vorderburg, baut die Schadeck (auch Schwalbennest). Nach anderer Lesart handelt es sich um eine gotische Festung aus dem 14. Jahrhundert.

1653: Nach dem Aussterben der Landschaden von Steinach fallen die vier Burgen an die Familie Metternich zu Burscheid und Müllenark.

Sage:

Die Mittelburg, lange Zeit Ruine wie die anderen drei Burgen auch, wurde im 19. Jahrhundert im Stil romantischer Vorstellungen über das Mittelalter wieder aufgebaut. Die drei weißen Jungfern, die vor dem Neubau oft bei Nacht und auch am Tag durch die Ruine gewandelt waren, fühlten sich in der erneuerten Burg nicht mehr wohl und verschwanden.

Information:

Städtisches Verkehrsamt, Hauptstraße 7, 69239 Neckarsteinach, Telefon 06229/92000

neogotische Zutaten aus dem eleganten Renaissanceschloß wieder eine mittelalterliche Burg machen. Treppengiebel, Zinnentürmchen und der damals angebaute Kapellenflügel bestimmen seit dieser Zeit das Bild der Mittelburg.

Die Mittelburg mit romantischen Zutaten des 19. Jahrhunderts

Als Bligger II. 1210 starb, wurde sein Erbe unter den drei Söhnen aufgeteilt. Conrad II. behielt die Stammburg, die Hinterburg. Bligger III. zog sich auf die benachbarte Harfenburg über Heddesbach zurück, und Ulrich I. baute: Er ist der Gründer der Vorderburg. Auch hier gab es zunächst nur die absolut notwendige Grundausstattung: Die Wehrmauern in Form eines Rechtecks, ein viereckiger Bergfried und ein Palas. Im Vergleich zu den beiden anderen Burgen, die zu diesem Zeitpunkt bestanden, war der Bau recht klein ausgefallen.

Die spektakulärste Lage der vier Neckarsteinacher Burgen weist ohne Zweifel die Schadeck auf, auch Schwalbennest genannt. Bligger V., der dritte Sohn Ulrichs I. von der Vorderburg, heißt es, war der Bauherr. Als Bauplatz suchte er sich ein steilen Hang über dem Neckar aus. Dort klebte er wie ein Schwalbennest seine Burg an, mit einer wehrhaften Schildmauer, die durch zwei Rundtürme gesichert ist. Es sei an dieser Stelle nicht verschwiegen, daß manche Forscher nicht an die schöne Familiengeschichte glauben und Schadeck erst in das 14. Jahrhundert datieren, weil sie in der Anlage ein Beispiel gotischer Festungsarchitektur erkennen.

Aber selbst, wenn man nicht an diesen Teil der Geschichte glaubt, dann geht die Familiengeschichte doch weiter. Alle vier Burgen kamen nämlich nach dem Aussterben der Steinacher im 15./16. Jahrhundert in der Besitz einer Nebenlinie, der Landschaden von Steinach.

Touristische Tips:

Die Besichtigung von Neckarsteinach sollte sich keinesfalls auf die Burgen allein beschränken. Sehenswert sind auch die beiden Pfarrkirchen. Die evangelische Pfarrkirche stammt in der gegenwärtigen Form aus den Jahren 1481 bis 1483 und wurde im 18. Jahrhundert erweitert.

Die katholische Pfarrkirche St. Cäcilia, ein Bau Friedrich Pützers aus den Jahren 1907–1909, lohnt einen Besuch wegen der teilweise älteren Ausstattung, die aus anderen Kirchen stammt.

Fachwerkhäuser und mehrere stattliche Barockhäuser machen das Flair der Stadt aus. Die Stadtmauer ist noch auf weite Strecken erhalten; an einer Stelle ist sie Grundmauer einer alten Rindenscheuer, letztes Überbleibsel des einst hier betriebenen Gerbergewerbes.

Daten aus der Geschichte:

um 1250: Die Herren von Crumbach erwerben ein altes Gehöft und bauen es zur Burg Rodenstein aus.

1500: Junker Hans III. von Rodenstein unternimmt mit 82 Jahren eine Pilgerfahrt nach Rom und wird dort auf dem Campo Santo Teutonico begraben.

1640: Während des Dreißigjährigen Krieges wird die Pest in den Odenwald eingeschleppt.

1671: Die Rodensteiner sterben im Mannesstamm aus.

1806: Die Herrschaft Rodenstein fällt an Hessen-Darmstadt.

Junker Hans mordet sein Weib: Die Geschichte vom Rodensteiner

Wer bei Jugenheim von der Bergstraße in den Odenwald abbiegt, stößt bald hier und dort auf einen Namen: Rodenstein. Von Straßenschildern grüßt er herab und ebenso von Gaststättenreklamen. Der Odenwald um Brandau, Neunkirchen, Lützelbach, Laudenau, Winterkasten, Gumpen und Steinau ist das „Rodensteiner Land“, benannt nach einer Adelsfamilie, die ihren Stammsitz auf einer Burg bei Fränkisch-Crumbach hatte.

Seit dem frühen Mittelalter hatte dieses Gebiet eine Sonderstellung inne. Während weite Teile des Odenwalds schon zu fränkischer Zeit aus königlichem Besitz an die Klöster Lorsch oder Fulda übertragen wurden, war das Rodensteiner Land offenbar niemals Königsland.

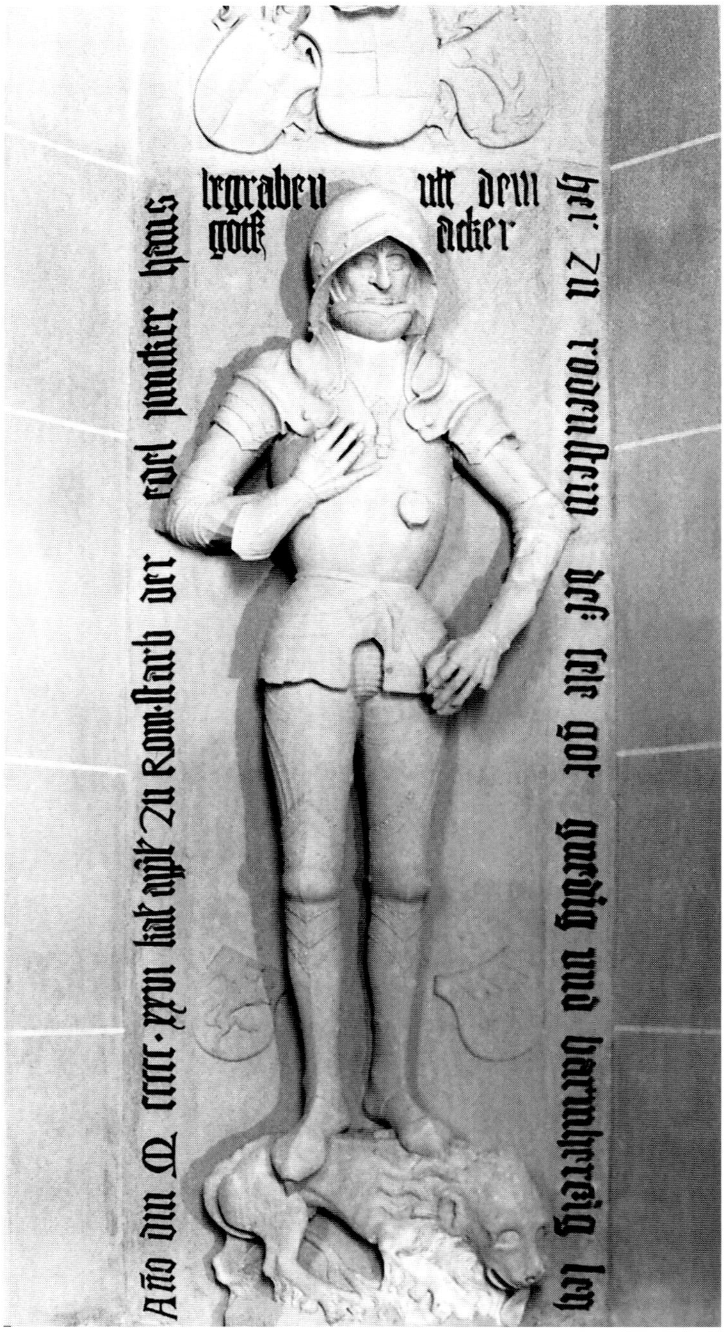

Grabplatte Hans III. von Rodenstein in der Kirche von Fränkisch-Crumbach

Über eines sind sich die Heimatforscher einig: Die historische Bedeutung der Herren von Rodenstein und ihrer Vorgänger ist gering. Zwar konnten sie die Selbständigkeit ihres Gebiets im großen und ganzen behaupten – aber wohl nur deshalb, weil keiner ihrer Nachbarn dem anderen die Beute gönnte. Schon Burg Rodenstein selbst, die zwischen 1240 und 1250 an der Stelle eines alten Gutshofs entstand, ist wohl von Anfang an katzenelnbogensches Lehen gewesen.

Bis in die Mitte des 17. Jahrhunderts war die Burg bewohnt. Dann jedoch trug der Dreißigjährige Krieg die Pest in den Odenwald. Zu den zahlreichen Opfern der Seuche zählte auch Adam von Rodenstein, der damals auf der Burg residierte. Als sein Verwandter Georg Friedrich 1650 aus Frankreich zurückkehrte, fand er nur noch eine Ruine vor. Aus diesem Grund findet der Besucher die bedeutendsten Überreste der Familie heute in der Pfarrkirche von Fränkisch-Crumbach: die Grabdenkmäler der Rodensteiner.

Eines der markantesten gehört Hans III. von Rodenstein, und dieser ist dafür verantwortlich, daß der Name der Familie noch heute bekannt ist. Junker Hans war, so berichten es die Sagen, ein wilder Kämpe, der keine Gelegenheit zur Fehde ausließ. Durch seine Heirat mit einem schönen Edelfräulein wurde sein Ungestüm gebremst, doch nur für eine Weile. Denn als er eines Tages mit seinem Nachbarn in Streit geriet, erwachte seine alte Rauflust. Doch seine Frau wollte ihn nicht ziehen lassen und klammerte sich an ihn. Der Ritter aber stieß die Schwangere grob von sich, so daß sie noch am selben Tag ein totes Kind gebar und gleich darauf starb. Der Ritter, der unterdessen die Burg seines Feindes belagerte, sah in der Nacht eine bleiche Gestalt heranschweben. Es war seine tote Frau, die ihr Kind auf dem Arm trug. Für seine Missetat verfluchte sie den Ritter, auf daß er fortan

Nur noch Ruine: Burg Rodenstein bei Fränkisch-Crumbach

ruhelos als Kriegs- und Friedensbote umherziehe. Und so ist es geschehen: Wenn ein Krieg droht, verläßt der Rodensteiner seine Burg Schnellerts bei Ober-Kainsbach und zieht mit seinem Gefolge zum Rodenstein. Die wilde Fahrt ist von Lärm und Geschrei begleitet. Wenn der Friede in Sicht ist, kehrt der Rodensteiner zum Schnellerts zurück. Viele Erzählungen berichten von diesen Zügen. Noch 1938 und 1943 wollen Zeugen die wilde Jagd des Ritters gehört haben, die Ausbruch und Ende des Zweiten Weltkrieges verkündete.
Mit dem historischen Hans von Rodenstein haben diese Erzählungen wenig zu tun. Sie sind in ihrem Kern älteren Ursprungs und reichen zum Teil vielleicht in vorchristliche Zeiten zurück. Dennoch fiel es den Menschen leicht, sie mit Junker Hans in Verbindung zu bringen. Sein Grabmal in der Kirche von Fränkisch-Crumbach zeigt eine schlanke Gestalt in Ritterrüstung. Und tatsächlich hat Hans von Rodenstein an zahlreichen Kämpfen und Fehden teilgenommen. Erst spät, mit 53 Jahren, heiratete er. Für die Kirche, in der sein Grabmal steht, ließ er einen eindrucksvollen Chor mit Sterngewölbe bauen. Begraben liegt er indes dort nicht. Im Jahr 1500 unternahm Junker Hans eine Pilgerreise nach Rom. Trotz seines hohen Alters von 82 Jahren erreichte er die Heilige Stadt. Dort starb er und wurde im Schatten von St. Peter, auf dem Campo Santo Teutonico, beigesetzt. Dort ist seine Grabplatte noch heute zu besichtigen.

Touristische Tips:

Die Pfarrkirche von Fränkisch-Crumbach enthält die Grabmäler der Rodensteiner. Dasjenige Hans von Rodensteins ist von so außergewöhnlicher Güte, daß man zeitweise glaubte, kein geringerer als Tilman Riemenschneider habe es geschaffen. Der Taufstein der Kirche ist eine alte Türkentrommel.
Das Dörfchen Neunkirchen (601 m über NN) ist der höchstgelegene Ort im hessischen Odenwald. Zu Anfang dieses Jahrhunderts war es beliebtes Ziel vieler Sommerfrischler aus nah und fern. Einige alte Gasthöfe erinnern daran, außerdem hat Neunkirchen den einzigen Skilift des Odenwaldes.
Lindenfels südlich von Fränkisch-Crumbach war Besitz des Klosters Lorsch. Die Pfalzgrafen herrschten später über die Stadt. Sehenswert sind die Burg aus dem 11. Jahrhundert, die katholische Pfarrkirche aus dem Barock und der Bürgerturm aus dem 14. Jahrhundert.
Reichelsheim etwa sechs Kilometer südwestlich von Fränkisch-Crumbach war das ursprüngliche Zentrum der Rodensteiner Herrschaft. Burg Reichenberg wurde im 13. Jahrhundert von den Schenken von Erbach erbaut.

Information:

Gemeindeverwaltung, 64407 Fränkisch-Crumbach, Telefon 06164/93030

Das ältere Gnadenbild von Maria Einsiedel

Die Madonna, die nicht in der Pfarrkirche bleiben wollte: Die Wallfahrtskapelle Maria Einsiedel

Flach ist die Landschaft um Maria Einsiedel, keine Bodenerhebung stört den freien Blick. Eine langweilige Landschaft, so erscheint es auf den ersten Blick, die nichts verbergen kann. Doch das stimmt nicht: Versteckt in der einzigen Baumgruppe weit und breit findet sich die Wallfahrtskapelle Maria Einsiedel, ein gotisches Kleinod, das seit dem Mittelalter bis heute das Ziel Tausender Pilger gewesen ist. Sie verehren dort zwei Gnadenbilder der Muttergottes, die auf ungewöhnliche Weise ihren Weg in die Kapelle gefunden haben sollen.

Die ältere Statue, ein sogenanntes Vesperbild, stellt die Schmerzhafte Muttergottes dar, die ihren toten Sohn auf dem Schoß hält und betrauert. Die Legende erzählt, daß das Bild auf einem Holunderstrauch gefunden wurde, der an der Stelle des Chors der heutigen Kapelle stand. Es wurde in die Gernsheimer Pfarrkirche gebracht, war aber am nächsten Morgen verschwunden. Es war wieder zu dem Holunderstrauch zurückgekehrt. Diese Wanderung wiederholte sich einige Male, bis die Gläubigen verstanden, was die Marienstatue ihnen sagen wollte: An dieser Stelle sollte eine Marienkapelle entstehen.

Soweit die Legende. Streng wissenschaftlich gesehen, tritt das Kirchlein von Maria Einsiedel im Jahr 1493 in das Licht der Geschichte. Aus diesem Jahr stammt eine Ablaßurkunde, die jedem, der die baufällig gewordene Kapelle an bestimmten Tagen besucht und vorgeschriebene Gebete verrichtet, 100 Tage Ablaß verspricht. Die prächtige Urkunde, goldverziert und von nicht weniger als 16 Kardinälen unterzeichnet, verrät uns also immerhin, daß an dieser Stelle schon seit einiger Zeit ein Kirchenbau bestand. Das stimmt mit dem Urteil der Fachleute überein, die die Entstehung der Marienstatue auf die Jahre um 1410 datieren.

Ein wenig jünger ist das zweite Gnadenbild, das sich aber erst seit 1650 in Maria Einsiedel befindet. Es soll aus Nordhausen in Böhmen stammen. Dort sollen es Soldaten lutherischer Konfession im Dreißigjährigen Krieg unversehrt unter glühendem Schutt hervorgezogen haben. Als sie dann in Seeheim bei Freiherr Adolf von Behren und seiner Gattin Margaretha Sophia einquartiert waren, schenkten sie es ihren Gastgebern. Als die mittlerweile verwitwete Margarete Sophia nach Gernsheim zog, versenkte sie das Bild zu seinem eigenen Schutz in unsicheren Zeiten in einem Brunnen. Als die Dame bald darauf erkrankte, gelobte sie, die Statue wieder ans Tageslicht zu holen und nach Maria Einsiedel bringen zu lassen, sobald sie wieder gesund sei. So geschah es am 2. Juli 1650. „Alles dies hat schriftlich bezeuget und hinterlassen der schon gedachte zweite Ehemann der Margaretha Sophia gebornen von Frankenstein, Antonius Wetzel, der als Senior des Rathes und Unterschultheiß zu Gernsheim im Jahre 1672 den 8ten July in einem Alter von 78 Jahren verstorben ist", heißt es dazu in einer Quelle.

Daten aus der Geschichte:

814–840: König Ludwig der Fromme.

829: Unsichere erste Erwähnung von „Geroldshusa", das sich an der Stelle der heutigen Wallfahrtskapelle Maria Einsiedel befunden haben soll.

Um 1410: Entstehung des alten Marienbilds.

1414–1418: Konzil von Konstanz; Johann Hus wird als Ketzer verbrannt.

1431–1449: Konzil von Basel.

Um 1460–1470: Entstehung des neuen Marienbilds.

1493: Eine Ablaßurkunde erwähnt die baufällige Kapelle Maria Einsiedel.

1493–1499: Bau des gotischen Chores.

1493–1519: Kaiser Maximilian I., der „letzte Ritter".

1500–1508: Bau des Kapellenschiffs.

1517: Martin Luther schlägt seine 95 Thesen gegen den Ablaß an der Tür der Schloßkirche in Wittenberg an. Beginn der Reformation.

1618–1648: Dreißigjähriger Krieg.

1650: Das neue Marienbild gelangt nach Maria Einsiedel.

1871: Reichsgründung in Versailles.

1871: Portal und Vorbau werden hinzugefügt.

1875: Die Sakristei an der Nordseite des Chores ersetzt den älteren Bau an der mittleren Chorwand.

1988: Weihe des neuen Außenaltars.

Die Wallfahrtskapelle

Sage:

Außer der Legende von der wundersamen Auffindung des Madonnenbilds erzählt man sich auch, daß die Felder vom Hagelschlag verschont bleiben, soweit die Glocke von Maria Einsiedel klingt.

Vergleichbares aus der Region:

In der Dieburger Wallfahrtskirche St. Maria wird ebenfalls ein Vesperbild verehrt, das fast gleichzeitig mit der Marienstatue in Maria Einsiedel entstanden ist. Ein reizvoller Gegensatz ergibt sich durch die trotz ähnlicher Datierung vollkommen unterschiedlichen Materialien und Stile der beiden Marienbilder.

Touristische Tips:

Das Naturschutzgebiet Kühkopf, auf einer Insel zwischen dem Rhein und einem Altrheinarm gelegen, hat die ursprüngliche Auenlandschaft bewahrt. Die dichte Vegetation und die Tierwelt sind typisch für ständig feuchte oder häufig überschwemmte Gebiete.
Das nahegelegene Gernsheim ist die Geburtsstadt von Peter Schöffer, der seit 1452 Druckgeselle bei Johannes Gutenberg in Mainz war. Sehenswert sind in Gernsheim die katholische Pfarrkirche St. Maria Magdalena im ursprünglich barocken Stil und das 1839 erbaute klassizistische Stadthaus.

Information:

Pfarrer Boguslaw Ochwal (Maria Einsiedel), 64579 Gernsheim, Telefon 06258/3445.

Über die Jahrhunderte ist der Pilgerstrom nach Maria Einsiedel nicht abgerissen. Der gotische Chorraum, 1493 bis 1499 gebaut, wurde von 1500 bis 1508 durch ein schlichtes Kapellenschiff ergänzt. 1871 kamen die Säulenvorhalle und das Portal hinzu. Auch die Heiligen gingen mit der Zeit: Das ältere Gnadenbild war im Lauf der Zeit mit seidenen und damastenen Gewändern bekleidet und mit Ringen, Armbändern und Halsketten geschmückt worden. Diese Zutaten wurden 1927 entfernt und die ursprüngliche Farbfassung wiederhergestellt. Der neue Außenaltar, 1988 geweiht, ergänzt die traditionelle Marienverehrung an diesem Ort durch die Verehrung eines Märtyrers: Er enthält eine Reliquie aus dem Oberschenkel des Koreaners Mun-Ho Chong.

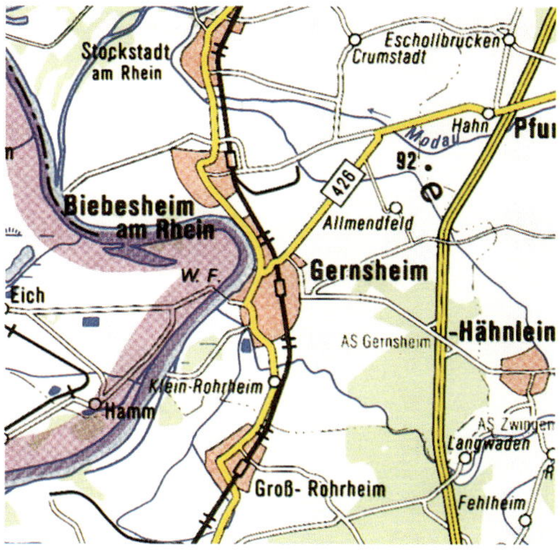

Das Marktkreuz von Breuberg-Neustadt symbolisiert die mittelalterliche Gerichtsbarkeit

Eine der größten Burgen Süddeutschlands: Der Breuberg

Eine Burg – ein Burgherr, so stellt man sich das Mittelalter vor. Doch so einfach war es beileibe nicht immer, und was herauskommen konnte, wenn sich viele Herren eine Burg teilen mußten, läßt sich noch heute bei Neustadt im Odenwald erkennen. Dort ragt ein mächtiger Felsen aus Buntsandstein in den Himmel: der Breuberg. Auf drei Seiten wird er von dem Flüßchen Mümling umflossen. Die exponierte Lage bot Schutz vor Feinden und zog deshalb schon in alter Zeit Menschen an. Keine schriftliche Quelle kündet von ihrem Schicksal. 766 aber übereignete der fränkische König Pippin, der Vater Karls des Großen, das Königsgut von Umstadt an das Kloster Fulda. Zu diesem Königsgut gehörte auch der Breuberg. Die Mönche erkannten die strategische Lage des Bergkegels, und als im 12. Jahrhundert ihr Besitz im Odenwald bedroht schien, bauten sie dort oben eine mächtige Burg. Wer diese Burg verwaltete, wissen wir zunächst nicht genau. Erst zu Anfang des 13. Jahrhunderts ist eine Familie „Reiz von Lützelbach“ in Urkunden belegt, die sich später „von Breuberg“ nennt. Diese ersten Burgherren waren mit einer reichlichen Schar von Nachkommen gesegnet, denn bis ins 14. Jahrhundert wurde der ursprünglich leere Burghof mit immer neuen Gebäuden und Erweiterungen zugebaut.

Als das Geschlecht 1323 im Mannesstamm ausstarb, wurde es kompliziert. Der letzte Breuberger, Eberhard III., hatte zwei Töchter, die jeweils ein Viertel des Besitzes erbten. Eine der beiden Töchter war zweimal verheiratet, so daß ihr Besitzviertel nochmals geteilt wurde. Das übrige Erbe fiel an eine Kusine Eberhards III. Vier Adelsgeschlechter teilten sich so den Besitz der Burg: die Herren von Trimberg, von Eppstein, von Weinsberg und von Wertheim. Durch weitere Erbgänge und Verpfändun-

Der Marktplatz von Neustadt

Daten aus der Geschichte:

766: König Pippin überträgt das Königsgut von Umstadt an das Kloster Fulda.

2. H. des 12. Jhdts.: Die Fuldaer Äbte bauen auf dem Breuberg eine Burg zur Sicherung ihres Besitzes im Odenwald.

1220: Conrad Reiz von Lützelbach urkundet als Herr von Breuberg.

1323: Die Herren von Breuberg sterben im Mannesstamm aus, Burg und Herrschaft werden aufgeteilt.

1497: Die Grafen von Wertheim werden Alleinbesitzer des Breubergs. Ausbau der Burg unter Michael II.

1806: Das Breuberger Land wird hessendarmstädtisch, die Burg selbst bleibt in Privatbesitz.

1942: Der Reichsverband für deutsche Jugendherbergen kauft die Breuburg.

1946: Das Land Hessen übernimmt die Burg.

Sage:

Als die Breuburg wieder einmal belagert wurde, stand die Besatzung kurz vor der Aufgabe, denn die Nahrungsmittel waren fast aufgezehrt. Doch ein schlauer Kopf verfiel auf eine List. Aus den letzten Vorräten wurde ein kräftiger Hirsebrei gekocht. Den verspeiste die Besatzung dann schmatzend und unter sichtlichem Behagen auf der Ringmauer. Sie waren so überzeugend, daß die Belagerer abzogen, weil sie glaubten, die Burg könne unmöglich ausgehungert werden. An dieses Ereignis erinnert der „Breilecker“, ein Trutzkopf an der Außenseite der Burg.

Auf einem Felssporn wurde Burg Breuberg erbaut

gen fielen im Verlauf des 14. und 15. Jahrhunderts weitere Teile der Burg zumindest zeitweise an die Herren von Hanau, die Grafen von Eberstein und die Herren von Rohrbach, sowie die Adelshäuser Falkenstein-Münzenberg, Kraft von Bellersheim und Krieg von Altheim. Rechte auf dem Breuberg hatten zudem für einige Zeit auch die Reichsstadt Frankfurt, die Schenken von Erbach und die Grafen von Katzenelnbogen.

Die Vielzahl der Besitzer führte zur Zersplitterung der Herrschaftsrechte im Breuberger Land, hatte aber zudem noch eine weitere Folge: Auf dem Breuberg wurde es bald furchtbar eng. Fast jede Familie baute ihr eigenes Haus, und aus dem Jahr 1357 ist uns folgerichtig eine Bauvorschrift überliefert, wonach bei weiteren Neubauten ein Abstand vom Bergfried von mindestens sieben Schuh eingehalten werden sollte.

Ende des 15. Jahrhunderts gelang es den Grafen von Wertheim, den übrigen noch verbliebenen Burgherren ihre Anteile am Breuberg abzuhandeln. 1497 waren die Wertheimer Alleinbesitzer von Burg und Herrschaft Breuberg. Graf Michael II. wählte den Breuberg deshalb zu seiner Residenz und ließ seiner Bauleidenschaft freien Lauf. Während seiner langen Regierung (1482 – 1531) entstanden zahlreiche Gebäude, die heute noch erhalten sind. So wurde die Breuburg zu einer der mächtigsten Festungen Süddeutschlands. Allerdings machte die rasch fortschreitende Waffentechnik diese Bemühungen fast sofort wieder zunichte, denn gegen Kanonen und Bombarden boten die Wälle keinen dauerhaften Schutz.

Als das Haus der Grafen von Wertheim 1556 im Mannesstamm ausstarb, fiel der Breuberg zu gleichen Teilen an die Grafen von Erbach und an das Haus Löwenstein. Beide Familien begannen fast sofort, ihre jeweiligen Teile erneut umzubauen. Weil den Erbachern in der Kernburg zu wenig Wohnraum zur Verfügung stand, bauten sie einen Verbindungsbau zwischen Hochschloß und Torturm. Unter Graf Johann Casimir von Erbach schließlich entstand ein nach ihm benannter Bau mit einem Rittersaal, dessen Stuckdecke noch heute zum spektakulärsten zählt, was die Burg zu bieten hat.

Touristische Tips:

Das Breubergmuseum im Johann-Casimir-Bau der Burg zeigt Exponate zur Geschichte des Breuberger Landes und zur Industrialisierung des unteren Mümlingtales.
Am Fuß des Breubergs liegt die ehemalige Burgmannensiedlung Neustadt mit zahlreichen Fachwerkhäusern. Der Turm der evangelischen Kirche stammt von 1480. Das Marktkreuz erinnert an die im Mittelalter üblichen Formen der Gerichtsbarkeit.

Information:

Verkehrsamt, Ernst-Ludwig-Straße 2-4,
64747 Breuberg, Telefon 06163/7090

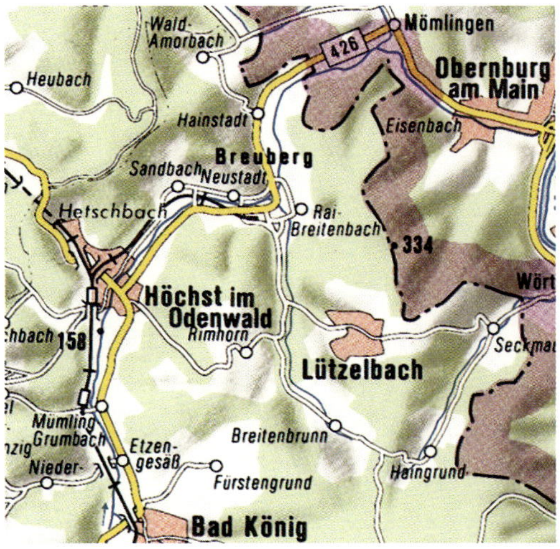

Schloß Lichtenberg auf einem Merian-Stich

Daten aus der Geschichte:

1212–1250: Kaiser Friedrich II.

Ca. 1220–1230: Bau der Burg Lichtenberg durch die Grafen von Katzenelnbogen.

1312: Kaiser Heinrich VII. verleiht Dieter von Katzenelnbogen für Burg und Tal Lichtenberg die Freiheiten der Stadt Oppenheim.

1314–1347: König Ludwig der Bayer.

1360: Burg und Tal Lichtenberg erhalten die Freiheiten der Stadt Lindenfels.

Ca. 1400–1468: Johannes Gutenberg, der Erfinder des Buchdrucks mit beweglichen Lettern.

1479: Der Besitz der Katzenelnbogener geht beim Aussterben des Geschlechts durch Erbfolge an die Landgrafen von Hessen.

1493–1519: Kaiser Maximilian I., der „letzte Ritter".

1555: Augsburger Religionsfriede.

1570: Georg I. von Hessen-Darmstadt beginnt mit dem Bau des Renaissanceschlosses Lichtenberg (bis 1581).

Ab dem 18. Jh.: Beginnender Verfall von Schloß Lichtenberg; die Nutzung als Witwensitz hört auf.

1848: Verlegung der letzten auf Schloß Lichtenberg beheimateten großherzoglichen Behörden nach Reinheim.

Ab 1904: Wiederherstellung des Schlosses.

Sage:

Auch Schloß Lichtenberg hat seine weiße Frau. Sie ist sehr klein und steigt jede Nacht aus dem Keller herauf. Sie betritt und verläßt die Zimmer, indem sie durch die Wände geht.

Die Neuzeit

Oft offenbart sich erst im Rückblick, daß zu einem bestimmten Zeitpunkt etwas neues angefangen hat. Es ist eine Summe von Tatsachen, die den Historikern späterer Zeiten so umwälzend erschien, daß sie glaubten, etwa ab dem Ende des 15. Jahrhunderts von dem Beginn einer neuen Zeit sprechen zu müssen.

Eine neue Denkweise breitete sich aus: Der Humanismus, der die freie geistige Entfaltung des Menschen fordert. Die Humanisten schöpften einen Teil ihres Gedankenguts aus der Antike, was sich in der Kunst in der neuen Stilrichtung der Renaissance („Wiedergeburt" der Antike) niederschlug. Der Horizont der Menschen erweiterte sich, und das nicht nur durch veränderte Gedankenansätze, sondern im ganz wörtlichen Sinne: 1492 entdeckte Christoph Kolumbus Amerika. Auch in der bisher bekannten Welt, die nun zur Alten Welt wurde, veränderten sich die politischen Verhältnisse. Nach der Eroberung Konstantinopels durch die Türken unter Mehmed II. 1453 war das Christentum in diesem Teil der Mittelmeerwelt in die Defensive gedrängt worden.

Selbst die Kirche, bisher unverrückbarer Pfeiler im Leben eines jeden, war einem Wandel unterworfen. Einer zunehmenden Heilssehnsucht und religiösen Ergriffenheit bei der Bevölkerung stand eine weitgehend verweltlichte kirchliche Hierarchie gegenüber, die die seelischen Bedürfnisse der Menschen nicht zu befriedigen vermochte. Aus diesem Gegensatz heraus, unter dem auch er litt, griff Martin Luther besonders den blühenden Ablaßhandel an. In seinen 95 Thesen, die er 1517 an der Tür der Schloßkirche in Wittenberg anschlug, wandte er sich gegen eine Kirche, die den Eindruck erweckte, Sünden seien durch die Zahlung von Geld zu tilgen.

Ein fürstliches Hochzeitsgeschenk: Schloß Lichtenberg

Es war ein wahrhaft fürstliches Hochzeitsgeschenk: Schloß Lichtenberg hoch über dem Fischbachtal. Als Landgraf Georg I. von Hessen-Darmstadt 1572 Gräfin Magdalene zur Lippe heiratete, legte er ihr das Schloß, bildlich gesprochen, zu Füßen. Das großzügige Geschenk hatte einen praktischen Hintergrund. Sollte Georg vor seiner Gattin sterben, war Lichtenberg als standesgemäßer Wohnsitz für die Witwe vorgesehen. Aus diesem Sachverhalt erklärt es sich auch, daß der junge Landgraf mit dem Bau des Schlosses schon 1570 begonnen hatte, obwohl zu diesem Zeitpunkt noch gar nicht feststand, wen er einmal heiraten sollte. In diesem Jahr wurde Baumeister Jakob Kesselhut mit den Bauarbeiten an Schloß Lichtenberg beauftragt. Der Landgraf seinerseits versprach in dem darüber abgeschlossenen Vertrag, Kesselhut „durch unsern darzu verordneten diner geben zu lassen versprochen zweyhundert achtzigkh acht gulden".
Es handelte sich zunächst allerdings eher um einen Umbau als einen

Majestätisch thront das Schloß über dem Tal

Neubau, denn auf dem Felsplateau stand bereits eine mittelalterliche Burg. Sie stammte noch von den Vorgängern der Landgrafen von Hessen, den Grafen von Katzenelnbogen. Wo heute die Abrißbirne zum Einsatz käme, wurde damals versucht, das Alte zu erhalten und nach Möglichkeit in den Neubau einzubeziehen. So stecken in dem prächtigen dreiflügeligen Renaissancebau von Schloß Lichtenberg zum Teil noch die Reste der mittelalterlichen Burg. Wer genau hinsieht, kann sich von dieser Tatsache heute noch überzeugen: Die Außenmauer des Ostflügels hat in der Mitte einen Knick nach außen und folgt damit dem Grundriß des Vorgängerbaus. Magdalene hat das 1581 fertiggestellte Schloß übrigens nie dauerhaft bezogen, denn sie starb 1587, fast ein Jahrzehnt vor ihrem Mann. Zwei Jahre zuvor hatte sie auf Schloß Lichtenberg jedoch ihren Sohn Friedrich zur Welt gebracht.

Bereits die Grafen von Katzenelnbogen nutzten die Burg über dem Fischbachtal als Witwensitz. Im 15. Jahrhundert beherbergte das Gebäude gar jahrzehntelang eine Gräfin von Katzenelnbogen, die noch gar nicht Witwe war. Im Gegenteil: Ihr Mann überlebte sie um einige Jahre. Anna, eine geborene Gräfin von Württemberg, hatte sich auch keineswegs freiwillig in dieses Exil weitab von ihrem Gatten begeben. Bei der Hochzeit 1422 hatte sich Philipp von Katzenelnbogen noch glücklich geschätzt, die damals vierzehnjährige Anna zum Traualtar führen zu dürfen. Das Mädchen war eine der besten Partien weit und breit und brachte einen geradezu märchenhaften Reichtum als Mitgift in die Ehe ein. Ihr mit Hermelin gefütterter Brautmantel aus Goldbrokat ließ die Zeitgenossen staunen; der Luxus ihrer Brautausstattung ging in die Überlieferung ein.

Die Ehe stand allerdings unter einem unglücklichen Stern; das Verhältnis zwischen den Ehegatten war so schlecht, daß sich ihre Streitigkeiten heutzutage mit Sicherheit in den Klatschgazetten nachlesen ließen. Klatsch blüht auch ohne Regenbogenpresse, und eifrige Chronisten, die ihn aufschreiben, gab es schon im Mittelalter. Und so lesen wir von Anna, die sich ungeliebt fühlt und in ihrer Verzweiflung zu Liebeszaubern Zuflucht nimmt. Einer dieser Zauber schrieb ihr ein Sitzbad vor, bei dem sie zwischen ihren Brüsten den Schweiß aufzufangen habe. Dieser Schweiß war auf ein Brot zu träufeln; wer davon esse, entbrenne unfehlbar in unauslöschbarer Liebe zu ihr. Philipp tat allerdings nichts dergleichen: Er vermutete vielmehr einen Versuch, ihn zu vergiften. Um vor weiteren Anschlägen dieser Art sicher zu sein, verbannte er seine Frau auf Burg Lichtenberg und schickte sie schließlich, Jahre später, sogar in ihre württembergische Heimat zurück.

Vergleichbares aus der Region:

Das Jagdschloß Kranichstein vor den Toren von Darmstadt wurde zur selben Zeit ebenfalls von Jakob Kesselhut für Georg I. gebaut.

Touristische Tips:

In einem Teil des Schlosses befindet sich ein volkskundliches Landschaftsmuseum in Verbindung mit einer Ausstellung von Zinnfiguren-Dioramen und einer Sommergalerie moderner Kunst, das von Mitte März bis Anfang November geöffnet ist. Im Schloß finden im Sommerhalbjahr regelmäßig Konzerte statt.

Information:

Verkehrsverein Lichtenberg, 64405 Fischbachtal, Telefon 06166/8787

Zwingenberg und die große Politik

Daten aus der Geschichte:

1254: Erste urkundliche Erwähnung Zwingenbergs.

1254–1273: Interregnum, die „schreckliche, kaiserlose Zeit“.

1274: Diether V. von Katzenelnbogen erhebt Zwingenberg zur Stadt.

1495: Entdeckung Amerikas.

Um 1500: Bau der Zehntscheuer.

1504: Pfälzischer Erbfolgekrieg.

1507: Einrichtung der Zent Zwingenberg.

1517: Martin Luther schlägt seine 95 Thesen gegen den Ablaß an der Tür der Schloßkirche in Wittenberg an. Beginn der Reformation.

Um 1520: Bau des „Schlößchens“.

1525: Bauernkrieg.

1534: Die „Aul“, ein Stadtmauerturm, wird ausgebessert.

1555: Augsburger Religionsfriede.

1561–63: Das landgräfliche Jagdschloß entsteht.

Um 1595: Der „Bunte Löwe“ wird als repräsentative Herberge errichtet.

Sage:

An der alten Bergstraße zwischen Zwingenberg und Darmstadt liegt unterhalb des Melibokus ein Granitfelsen. Der soll einst einem Riesen aus der Hand gerutscht sein, der ihn vom Gipfel des Melibokus in den Rhein werfen wollte.

Wenn die hohen Herren vom Adel Politik machten und dazu ein mehr oder weniger undurchsichtiges Ränkespiel betrieben, hatte die Bevölkerung früher meistens nichts zu lachen. Es gab aber auch Orte, die von derlei politischen Schachzügen profitierten, weil sie zufällig genau an der richtigen, nämlich der strategisch entscheidenden Stelle lagen. Zwingenberg ist dafür ein Paradebeispiel. Bei seinem ersten Auftreten in der Geschichte im Jahr 1254 hieß es noch Getwinc. Der Name sagt alles: Dies war die Engstelle an einer wichtigen Geleitstraße, wo alle Reisenden gezwungen werden konnten, durch den Ort hindurchzufahren und dort Abgaben zu entrichten. Der Mann im Hintergrund, dem so sehr an der Kontrolle des Verkehrs gelegen war, war der Graf von Katzenelnbogen. Diether V. von Katzenelnbogen erhob Zwingenberg 1274 zur Stadt und machte sich an den planmäßigen Ausbau und die Befestigung.
Als die Katzenelnbogener 1479 ausstarben und die Landgrafen von Hessen ihren Besitz übernahmen, setzten sie sich in Zwingenberg ins gemachte Nest. Die strategisch günstige Position war ihnen genauso nützlich wie ihren Vorgängern. Das sollte sich besonders im Jahr 1504 erweisen, als der Pfälzische Erbfolgekrieg, auch Landshuter Krieg genannt, weite Teile der Bergstraße, des Odenwalds und der angrenzenden Gebiete erschütterte. Das bayerische Herrscherhaus der Wittelsbacher war in zwei Linien geteilt, Bayern-München und Bayern-Landshut. 1503 starb Herzog Georg der Reiche von Bayern-Landshut und hinterließ außer seiner Tochter Elisabeth keine Kinder. In diesem Fall sollte das Gebiet an die Vettern der Linie Bayern-München zurückfallen.
So weit wollte Georg der Reiche es allerdings keinesfalls kommen lassen. Als absehbar war, daß er söhnelos sterben würde, schrieb er 1496 sein Testament und sah darin Ruprecht aus dem verwandten Haus der Pfalz-

Blick über die Altstadt von Zwingenberg auf die Bergkirche

grafen als Ehemann für seine Tochter vor. Georg starb am 1. Dezember 1503. Zu diesem Zeitpunkt wäre es vielleicht noch möglich gewesen, den Konflikt gütlich beizulegen, wenn Ruprecht und Elisabeth nicht in jugendlichem Überschwang im April 1504 losgeschlagen hätten, um sich ihr Erbe mit Gewalt zu holen. Am 21. Juli 1504 starb Ruprecht an der Ruhr, am 15. September erlitt Elisabeth dasselbe Schicksal. Die Erbregelung konnte nun wie vorgesehen in Kraft treten. Die Auseinandersetzung hatte dem hessischen Landgrafen aber wohl gezeigt, wie gefährdet die eigene Position in der territorialen Gemengelage an der Bergstraße unter Umständen sein konnte. Schließlich war das Zwingenberg benachbarte Bickenbach schon wieder pfälzischer Besitz. Deshalb ging er jetzt energisch daran, Zwingenberg zu einem seiner Herrschaftsmittelpunkte auszubauen.

1507 wurde die Zent Zwingenberg eingerichtet; die Stadt wurde damit Mittelpunkt eines Gerichtsbezirks. Es ging aufwärts, das Gesicht der Stadt veränderte sich. Eine neue Zehntscheuer (heute Jugendherberge) wurde gebaut; eine adlige Familie baute sich um 1520 einen komfortablen Wohnsitz, allgemein als das „Schlößchen" bekannt. Heute ist darin das Rathaus untergebracht. In den 1560er Jahren entdeckten die Landgrafen Zwingenberg als Ziel für Jagdausflüge und bauten 1561–63 ein Jagdschloß. Später diente es dem Zentgericht und der landgräflichen Kellerei als Unterkunft. Die Stadtmauer, die im Lauf der Jahrhunderte gelitten hatte, wurde ausgebessert: Davon zeugt die „Aul", der einzige noch erhaltene Turm der Stadtbefestigung, der laut einer Inschrift 1534 repariert wurde. Gegen Ende des Jahrhunderts, um 1595, wurde schließlich noch ein ganz besonderer Mißstand behoben: Es mangelte in Zwingenberg an einer angemessenen Übernachtungsmöglichkeit. Deshalb wurde nun ein grosses Gasthaus gebaut, das heutige Hotel „Zum Löwen", das damals „Zum Bunten Löwen" hieß.

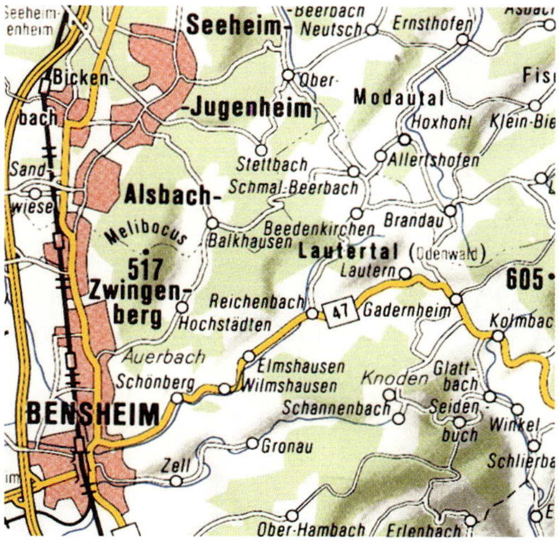

Vergleichbares aus der Region:

Bensheim, Zwingenberg an der Bergstraße benachbart, erlebte ein ähnliches Schicksal, wenn auch erst später als die Nachbarstadt. Als der Erzbischof von Mainz die Stadt 1623 nach jahrhundertelanger Verpfändung an die Pfalz wieder zurückerhielt, baute er sie ebenso demonstrativ aus wie ein Jahrhundert zuvor der Landgraf von Hessen Zwingenberg.

Touristische Tips:

Das Museum in der Scheuergasse informiert über viele Aspekte des Lebens in Zwingenberg in den vergangenen Jahrhunderten. Besonders hervorzuheben sind eine Foto-Sammlung, eine Küferwerkstatt und eine alte Küche mit gemauertem Herd und vielen Koch- und Backgeräten.
Die Bergstraße zieht sich durch eine landschaftlich reizvolle und historisch interessante Gegend nach Heidelberg. Zahlreiche Burgen und alte Städtchen sind links und rechts aufgereiht, etwa Heppenheim und Weinheim, das gleich mit drei Burgen aufwarten kann.

Information:

Fremdenverkehrsamt, Untergasse 16,
64673 Zwingenberg, Telefon 06251/700-322

Die historische Scheuergasse

Daten aus der Geschichte:

1517: Martin Luther veröffentlicht seine 95 Thesen.

1597: Der Beerfelder Galgen wird an der Stelle eines älteren Exemplars aus Holz errichtet.

1618 – 1648: Dreißigjähriger Krieg.

1789: Französische Revolution, Sturm auf die Bastille.

1790: Kaiser Josef II. befiehlt, alle Galgen im Reich niederzulegen.

1804: Angeblich letzte Benutzung des Beerfelder Galgens.

1806: Die Grafschaft Erbach fällt an das Großherzogtum Hessen.

1813 – 1815: Befreiungskriege gegen Napoleon.

Schaurige Berühmtheit im Odenwald: Der Beerfelder Galgen

Wer aus Richtung Airlenbach nach Beerfelden im Odenwald fährt, sieht links von der Straße drei Säulen, die senkrecht in den Himmel ragen. Sie sind durch drei eiserne Stangen an den Kapitellen miteinander verbunden. An den Stangen sind eiserne Haken angebracht. Die Konstruktion ist eine Richtstätte – der einzige noch vollständig erhaltene dreischläfrige Galgen auf deutschem Boden.

Einst standen Galgen an vielen Orten im Land. Das Erhängen war vor allem für Diebstahl die übliche Strafe und dementsprechend gab es in jedem Gerichtsbezirk eine Hinrichtungsstätte. Diese Bezirke wurde als „Zent" bezeichnet, und Beerfelden war bis in die Neuzeit Sitz eines Zentgerichts. Ihm oblag die hohe Gerichtsbarkeit in allen schweren Delikten. Häufig tagten solche Gerichte im Freien. In Beerfelden lag der Gerichtsort etwa 500 Meter vom Galgen entfernt, unter einer mächtigen Linde standen die steinernen Schöffenstühle.

Weithin sichtbar ragt der Beerfelder Galgen in den Himmel. Dies ist kein Zufall. Die exponierte Lage mag aber auch Gründe haben, die tief in der Geschichte verwurzelt sind. Schon bei den Germanen war das Erhängen eine weit verbreitete Hinrichtungsart, die zudem noch kultischen Charakter haben konnte. Von Odin, dem Göttervater, berichtet die nordische Sage, er habe sich selbst neun Tage und Nächte in die Weltesche gehängt, um allwissend zu werden.

Hängen, rädern, köpfen: Harte Strafen für Verbrecher

Die älteste Form des Galgens war der sogenannte Knie- oder Winkelgalgen, wie er aus vielen Wildwestfilmen bekannt ist. Wo dies nicht ausreichte, setzte man ein Querholz auf zwei Säulen – dies ergab einen „zweischläfrigen" Gagen. Mancherorts hatte der „zweischläfrige" Galgen ein freies Ende, an dem dann Ortsfremde und andere außerhalb der gewöhnlichen Rechtsordnung stehende Straftäter aufgehängt wurden. Für einen großen Gerichtsbezirk wie Beerfelden war auch ein „zweischläfriger" Galgen nicht groß genug, und durch Hinzufügen einer dritten Säule erhielt man den „dreischläfrigen" Galgen, der Platz für sechs Opfer zugleich bot.

Der heutige Beerfelder Galgen stammt aus dem Jahr 1597. Uralte Linden werfen lange Schatten. Einige Meter vom Galgen entfernt ist im Boden ein flaches Sandsteinkreuz eingelassen. An dieser Stelle, so heißt es, mußten die Delinquenten stehen, um die Sterbesakramente zu empfangen.

Wenn ein zum Tod Verurteilter seinen letzten Weg hinaus zur Richtstätte antrat, geschah dies nach einem strengen Ritual. Im Amtshaus von Beerfelden erklang eine Glocke, und das Urteil gegen den Täter wurde noch einmal verlesen. Über dem Todeskandidaten wurde ein hölzerner Stab entzweigebrochen – eine Handlungsweise, die sich bis

Der Beerfelder Galgen

Vergleichbares in der Region:

Zwischen Pfungstadt und Darmstadt-Eberstadt stehen an der Straße die Säulen des Pfungstädter Galgens. Bei diesem dreischläfrigen Galgen fehlen heute die Querstangen.

Sage:

Ein Bauer, der in Beerfelden hingerichtet werden sollte, hatte einen mächtigen Kropf. Deshalb bat er den Henker, ihm das Seil direkt unterhalb des Kinns um den Hals zu legen. Als er emporgezogen wurde, rutschte die Schlinge fast augenblicklich empor und blieb nur ein wenig an der Nase hängen. Dann fand sich der Bauer unversehrt im Gras wieder, während über ihm der Strick baumelte. Die Richter sahen den Vorfall als Gottesurteil an und der Bauer kam mit dem Leben davon.

Information:

Städtisches Verkehrsbüro, Metzkeil 1, 64743 Beerfelden, Telefon 06068/2071

heute sprichwörtlich erhalten hat. Hinrichtungen waren öffentliche Veranstaltungen, an denen die Bevölkerung teils schaudernd, teils sensationslüstern teilnahm. Die Gehenkten durften nicht sofort wieder vom Galgen abgenommen werden, sondern blieben zur Mahnung für jedermann hängen. Galgenberaubung galt als schweres Verbrechen.
Die Henker, die das Urteil vollstrecken mußten, genossen kein hohes Ansehen. Im Alltag ging man ihnen gern aus dem Weg – schon aus Furcht und schlechtem Gewissen. Ihr Handwerk galt als unehrlich und stellte sie so auf eine Ebene mit Totengräbern oder Bordellwirten. Zugleich glaubte man, daß Henker über magische Kräfte verfügten.
Auch der Galgen war ein zauberkräftiger Ort. Viele Menschen glaubten, daß das Holz heilende Kräfte besitze. Das Eisen der Galgenketten sollte auch die wildesten Pferde zahm machen. Hufeisen, die aus den Ketten geschmiedet wurden, machten ein Pferd ausdauernd, ein Ring aus Galgeneisen verlieh seinem Träger übermenschliche Kräfte. Der Galgenstrick selbst galt als Glücksbringer – nur nicht für den, dem er um den Hals gelegt wurde. Vom Beerfelder Galgen wird berichtet, Kosaken, die 1814 nach der Völkerschlacht von Leipzig bei der Verfolgung Napoleons in den Odenwald kamen, hätten die Bandeisen aus dem Galgen entfernt und daraus Hufeisen geschmiedet. Aberglauben also noch im 19. Jahrhundert. Bis heute weisen Heimatforscher im übrigen darauf hin, daß die Eisenstäbe, die die Säulen des Galgens miteinander verbinden, auch nach hunderten von Jahren keine Spur von Rost zeigen. Magie oder nur eine Laune der Natur – wer weiß?

Daten aus der Geschichte:

1615: Die jüdische Gemeinde in Worms wird bei einem Pogrom aus der Stadt vertrieben.

1616: Die Alsbacher Gemeindeoberen beschließen die Anlage eines Judenfriedhofs auf ihrer Gemarkung. Eine der ersten Bestattungen ist die von Rabbi Samuel Bacharach aus Worms.

1618–1648: Dreißigjähriger Krieg.

1933–1945: Drittes Reich.

9. November 1938: In der sogenannten „Reichskristallnacht" wird der Alsbacher jüdische Friedhof geschändet.

1939–1945: Zweiter Weltkrieg.

1945: Die Amerikaner ordnen die Wiederherstellung des Friedhofs durch ehemalige Parteigenossen an.

Die feindlichen Brüder: Hessen im Dreißigjährigen Krieg

Als 1618 der Dreißigjährige Krieg ausbrach, standen die beiden Teile der Landgrafschaft Hessen in verschiedenen Lagern. Während Moritz von Hessen-Kassel die Sache der evangelischen Fürsten vertrat, verpflichtete sich Ludwig von Hessen-Darmstadt der Partei des Kaisers. So fand sich das überwiegend evangelische Südhessen im Lager der Katholiken wieder.

Schon 1622 wurde die Region dafür bestraft. Graf Ernst von Mansfeld, ein Anhänger des kalvinistischen Pfalzgrafen Friedrich V., marschierte zum Rhein und verheerte das Land. Landgraf Ludwig wurde gefangengenommen und verschleppt und konnte erst nach einigen Wochen durch den kaiserlichen Feldherrn Tilly befreit werden.

Als der schwedische König Gustav Adolf 1630 in den Krieg eingriff, übersiedelte der Landgraf von Darmstadt nach Rüsselsheim, das sich leichter verteidigen ließ. In der Residenzstadt blieb die Bevölkerung zurück, die im Winter 1632/33 erstmals mit der Pest Bekanntschaft machte. Als der schwedische Reichskanzler Oxenstjerna in Darmstadt Quartier bezog, war die Stadt zwar halbwegs unversehrt, das Umland jedoch Wüste.

1644, als in Münster und Osnabrück bereits die Gesandten verhandelten, begann für Hessen die schlimmste Phase des Krieges: Die Kasseler Landgräfin Amalie Elisabeth ließ das darmstädtische Oberhessen verwüsten. Im Juni 1645 trafen französische und schwedische Truppen vor Darmstadt ein – nach ihrem Abzug belief sich der Schaden auf über 22000 Pfund. Im April 1647 kehrten die Franzosen zurück und forderten 40000 Taler Brandschatzung. Die Bürger zahlten einen Teil, konnten aber den Abzug der Soldaten nicht erzwingen. Erst am 30. Oktober 1648 wurde auch in Darmstadt der Westfälische Friede bekannt – das Land war verwüstet und halb entvölkert.

Priestergrabstein mit segnenden Händen

Ein Friedhof für 29 Gemeinden: Der Alsbacher Judenfriedhof

„Anno 1616 Jahr, den 17. Tag junius, hat das erbar Gericht zu Alsbach uf Befehl des Herrn Kellers Anthonius Sarbruck, Keller zu Zwingenberg, ihnen den Juden zu Alsbach ihr Begräbnis ausgesteint und ist in der Breit unten zu 5 Ruten und 4 Schuh, und oben zu 3 Ruten breit und in der Läng 10 Ruten und 14 Schuh." Der Beschluß der Alsbacher Gemeindeoberen, auf ihrer Gemarkung einen Judenfriedhof anzulegen, hat sich im Gerichtsbuch erhalten. In Alsbach selbst lebte zu dieser Zeit allerdings nur eine Handvoll Juden, für die ein Friedhof von dieser Größe – etwa 50 Meter lang und 24 beziehungsweise 14 Meter breit – nicht nötig gewesen wäre. Kurioserweise war es das Schicksal der Wormser Judengemeinde, das den Beschluß zur Anlage des Gräberfelds auslöste.

Im April 1615 waren die Wormser Juden Opfer eines Pogroms geworden.

Auf dem jüdischen Friedhof

Gezielt war das Gerücht gestreut worden, die Juden hätten am Karfreitag ein Kruzifix gepeitscht und mit Christenblut angestrichen. Ein erregter Mob stürmte daraufhin das Judenviertel und vertrieb die etwa 1400 Juden aus der Stadt. Unter den Vertriebenen war auch der berühmte Rabbi Samuel Bacharach gewesen, der bald danach in Gernsheim starb. Für ihn suchten seine Glaubensgenossen eine würdige Grabstätte und fanden sie in Alsbach. Sie gaben den Anstoß, dort einen jüdischen Friedhof zu errichten.

Er entwickelte sich im Lauf der Jahrhunderte zu einem der größten Judenfriedhöfe in Südhessen. 29 Gemeinden begruben dort ihre Toten. Mehr als 2000 Grabsteine stehen heute noch auf dem seit 1616 mehrfach erweiterten Gelände. Auch der Stein von Samuel Bacharach ist noch vorhanden. Allerdings wurde er erst lange nach seinem Tod angefertigt, möglicherweise sogar erst im 19. Jahrhundert. Im Gegensatz zu den Christen, die an die Auferstehung der Seele glauben, sind die Juden von der leiblichen Auferstehung überzeugt. Voraussetzung ist das Vorhandensein körperlicher Reste. Die Leiche zu verbrennen ist daher genauso undenkbar wie ein Grab einzuebnen. Da die Ruhe der Toten nicht gestört werden darf, sind auch jegliche Unterhaltungsarbeiten verpönt.

Die Grabsteine stehen am Kopfende der Gräber. Der Tote liegt dahinter mit den Füßen nach Osten, so daß er bei seiner Auferstehung in das Heilige Land blickt. Die Grabinschrift steht auf der Rückseite des Steins, damit sie gelesen werden kann, ohne das Grab zu betreten. Viele Steine auf dem Alsbacher Friedhof tragen über der Schrift das Bild der segnenden Hände. Hier wurden Mitglieder des Priesterstammes (Kohen) beerdigt. Ihre Familienangehörigen dürfen den Friedhof nicht betreten, da sie sich sonst verunreinigen würden. Trittsteine in der Mauer erlauben es ihnen, über die Umfassung hinweg einen Blick auf die Gräber ihrer Verwandten zu werfen.

Auch der Alsbacher jüdische Friedhof wurde in der sogenannten „Reichskristallnacht" vom 9. auf den 10. November 1938 geschändet. Bis 1945 lag die Stätte wüst, viele bedienten sich auf der Suche nach Baumaterial an den herumliegenden Steinen. Besonders im Ostteil gingen so viele Grabmäler verloren. 1945 ordneten die Amerikaner die Wiederherstellung des Judenfriedhofs durch ehemalige Parteigenossen an. Die stellten nun jene Steine wieder auf, die sie selber umgeworfen hatten, sicherten sie und reinigten mit Wasser und Bürste die Inschriften.

Vergleichbares aus der Region:

Weitere jüdische Friedhöfe gibt es in Babenhausen, Babenhausen-Sickenhofen und in Dieburg.

Touristische Tips:

Alsbach-Hähnlein liegt an der schon früh als noble Wohngegend und Sommerfrische beliebten Bergstraße und verfügt wie die Nachbarorte über eindrucksvolle Beispiele der Villenarchitektur des 19. und 20. Jahrhunderts.

Information:

Gemeindeverwaltung, Bickenbacher Straße 8, 64665 Alsbach-Hähnlein, Telefon 06257/5008-0

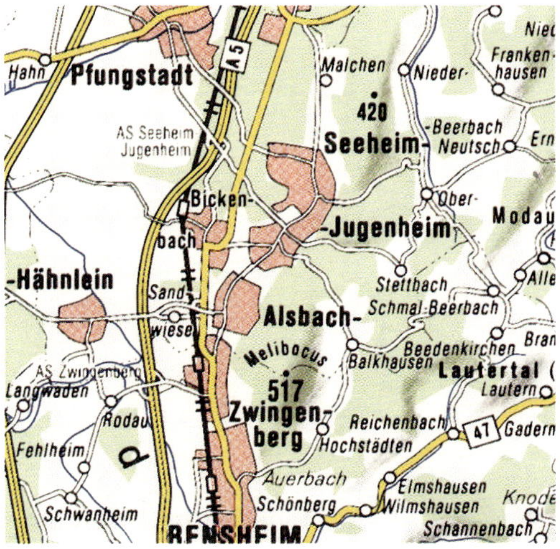

Konstruktionszeichnung der Schwedensäule

Ein Husarenstück: Gustav Adolf von Schweden überquert den Rhein

Im Dezember 1631 verschaffte der schwedische König Gustav Adolf dem ansonsten recht unscheinbaren Ort Erfelden im hessischen Ried seinen Anteil an der Weltgeschichte. Nach seinem siegreichen Zug durch die reiche „Pfaffengasse" rechts des Mains war er in der Nähe des Dorfes, am sogenannten „Hahnensand", an den Rhein gelangt. Am gegenüberliegenden Ufer, nicht zu sehen, aber doch zu erahnen, lag Mainz. Als geistliches Kurfürstentum bildete Mainz im Dreißigjährigen Krieg eines der Zentren der katholischen Partei. Gustav Adolf hingegen war als Verteidiger der protestantischen Sache nach Deutschland gekommen; Mainz mußte ihm daher als lohnendes Angriffsziel erscheinen. Allerdings rechnete in beiden politischen Lagern kaum jemand damit, daß er den Rhein überschreiten würde.

Immerhin waren Vorsichtsmaßnahmen getroffen worden: Alle Fischerboote waren im Strom versenkt worden. Zwei Fischer, Johann Warter aus Gernsheim und ein unbekannt Gebliebener aus Nierstein, hoben bei Stockstadt zwei der versenkten Schiffe und stellten sie Gustav Adolf zur Verfügung. Das war nicht viel, aber dem Schweden reichte es aus: Er lieh sich bei den Bauern die großen Scheunentore ihrer Höfe aus, ließ sie quer über die beiden Boote legen und hatte damit ein brauchbares Transportmittel geschaffen. Mittlerweile war es dunkel geworden, für den Übergang über den Rhein war es zu spät. Der König suchte sich ein Schlafquartier und fand es in der Hauptstraße des Orts, heute Wilhelm-Leuschner-Straße 41 bei dem Wirt und Bürgermeister Glock. Heute erinnert eine kupferne Plakette an der Hauswand an den Aufenthalt Gustav Adolfs. Frühmorgens am 17. Dezember 1631 um 6 Uhr setzte unter Kanonendonner Graf Brahe mit 300 Soldaten über den Rhein. Der König kam später auf demselben Weg nach. Stundenlang wurde eine Art Pendelverkehr über den Fluß aufrechterhalten, bis alle 20.000

Daten aus der Geschichte:

1618–1648: Dreißigjähriger Krieg.

Juli 1630: Gustav Adolf von Schweden landet mit einem relativ kleinen Heer in Pommern.

1631: Gustav Adolf zieht durch die „Pfaffengasse" auf dem rechten Mainufer zum Rhein.

16./17. Dezember 1631: Er übernachtet in Erfelden.

17. Dezember 1631: Gustav Adolf überquert mit 20.000 Soldaten den Rhein.

21. Dezember 1631: Die schwedischen Truppen erobern Mainz.

16. November 1632: Gustav Adolf fällt in der Schlacht von Lützen.

König Gustav Adolf von Schweden (1584-1632)

Soldaten das andere Ufer erreicht hatten. Zum Gedenken an seinen spektakulären Rheinübergang ließ der Schwedenkönig die Schwedensäule aufstellen. Auf einem fast mannshohen Sockel liegen vier Kugeln, die einen schlanken Obelisken stützen. Auf ihrer Spitze, in fast 12 Metern Höhe, sitzt ein gekrönter Löwe. Er hält einen Degen in der Tatze und deutet damit kriegerisch auf das gegenüberliegende Ufer. Das Monument hat inzwischen schon seine eigene Geschichte: Zweimal, 1707 und 1776, mußte es dem sich verändernden Lauf des Rheins weichen. Seit der Rheinregulierung im Jahr 1829 steht es gar überhaupt nicht mehr am Hauptstrom, sondern an einem Altrheinarm. Die Kosten für die Versetzungen und für Reparaturen bezahlte übrigens bis 1834 die schwedische Staatskasse; dann übernahm die großherzoglich-hessische Regierung die Sorge für das Denkmal.

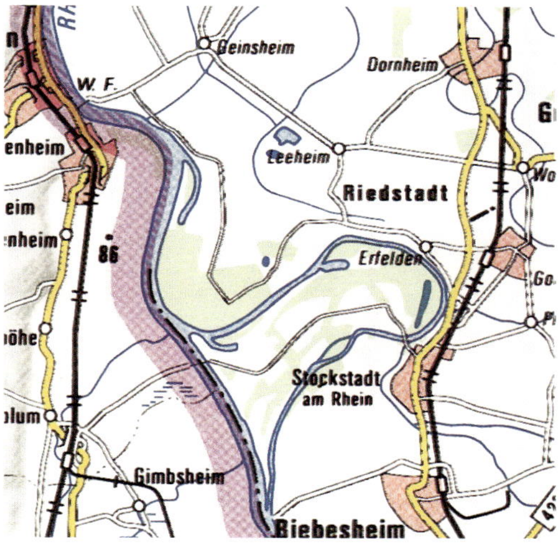

Die Schwedensäule

Vergleichbares aus der Region:

Der Ort Gustavsburg geht auf eine von Gustav Adolf angelegte Festung zurück.

Touristische Tips:

Das Naturschutzgebiet Kühkopf, auf einer Insel zwischen dem Rhein und einem Altrheinarm gelegen, hat die ursprüngliche Auenlandschaft bewahrt. Die dichte Vegetation und die Tierwelt sind typisch für ständig feuchte oder häufig überschwemmte Gebiete.
Im Heimatmuseum Erfelden (Wilhelm-Leuschner-Straße 28) sind Gegenstände zur Geschichte und Volkskunde der Gegend ausgestellt. (Zur Zeit geschlossen.)

Information:

Gemeindeverwaltung Riedstadt, Bahnhofstraße 1, 64560 Riedstadt, Telefon 06158/181-0

Daten aus der Geschichte:

936–973: Kaiser Otto d. Gr.

977: Erste schriftliche Erwähnung Offenbachs

1418: Die Herren von Isenburg erhalten Offenbach.

1517: Martin Luther schlägt seine 95 Thesen gegen den Ablaß an der Tür der Schloßkirche in Wittenberg an. Beginn der Reformation.

1555: Augsburger Religionsfriede.

1556: Graf Reinhard von Ysenburg-Büdingen macht Offenbach zu seiner Residenz.

1572: Das von ihm gebaute Schloß ist fertiggestellt.

1596: Einführung des calvinistischen Bekenntnisses in Offenbach.

1618–1648: Dreißigjähriger Krieg.

Ende des 17. Jahrhunderts: Protestantische und jüdische Glaubensflüchtlinge kommen in die Stadt.

1733: Johann Bernard gründet eine Schnupftabakfabrik in Offenbach.

1740–1780: In Österreich regiert Maria Theresia.

1740–1786: In Preußen regiert Friedrich d. Gr.

1780: Bau des Büsing-Palais.

1806: Das Heilige Römische Reich Deutscher Nation wird offiziell aufgelöst.

1816: Offenbach kommt zum Großherzogtum Hessen-Darmstadt.

1917: Eröffnung des Deutschen Ledermuseums.

Arkadenfront des Isenburger Schlosses in Offenbach

Das ausgehende 17. Jahrhundert

Nach der Reformation, die sie nicht hatte verhindern können, hatte die katholische Kirche seit dem Konzil von Trient (1545–1563) zum Gegenschlag ausgeholt. In manchen Ländern wurde die Kirche dabei vom Staat unterstützt, wenn auch den jeweiligen Landesherrn nicht immer religiöse Motive antrieben. So war der französische König Franz I. (1515–1547) in religiösen Fragen eher indifferent, duldete aber trotzdem keine Ketzer, die von der offiziellen katholischen Lehre abwichen: Er brauchte die Einkünfte der katholischen Kirche. Die französischen Protestanten, die Hugenotten, waren aber durch die Unterstützung eines Teils des Adels zu einer politischen Partei geworden.

Die Spannung zwischen der protestantischen und der katholischen Adelspartei entlud sich in den Hugenottenkriegen (1562–1598). Erst der protestantische Thronanwärter Heinrich IV. beendete die Auseinandersetzungen durch seinen Übertritt zum katholischen Glauben. Im Edikt von Nantes (1598) garantierte er den Protestanten Gewissensfreiheit, beschränkte Kultausübung, politische Gleichberechtigung und den Besitz bestimmter Sicherheitsplätze. Damit war es dem katholischen Frankreich gelungen, die protestantische Minderheit politisch und kulturell zu integrieren und Frieden für alle zu schaffen.

Der Frieden hielt knapp hundert Jahre. Ludwig XIV., der „Sonnenkönig“, schuf den absolutistischen Staat, der sein Zentrum im König hat. Für die Hugenotten war in diesem Staat kein Platz. 1685 wurde das Edikt von Nantes aufgehoben, die Hugenotten damit aller Rechte beraubt. Rund eine halbe Million von ihnen verließen daraufhin Frankreich, dessen Wirtschaft durch diesen Exodus schwer geschädigt wurde.

Viele deutsche Landesherren wie etwa der Graf von Isenburg oder der Landgraf von Hessen nahmen die Flüchtlinge mit offenen Armen auf: Sie füllten so die Lücken in der Bevölkerung, die der Dreißigjährige Krieg hinterlassen hatte. Außerdem sollten die für ihren Fleiß bekannten Glaubensflüchtlinge helfen, die Wirtschaft wieder in Schwung zu bringen. Sie wurden daher oft mit weitgehenden Rechten ausgestattet, durften eigene Siedlungen gründen, weiterhin die französische Sprache benutzen und natürlich ihren Glauben frei und ungehindert ausüben.

Die verkannte Stadt Offenbach im Schlagschatten Frankfurts

Offenbach hat es schwer: Den einen gilt die Stadt als Vorort Frankfurts. Die anderen stellen nach einem kurzen Rundgang durch die Innenstadt fest, Offenbach sei häßlich. Beide tun Offenbach Unrecht. Offenbach hat noch nie mit prächtigen Palästen geprotzt: Es war immer die spröde Schöne, deren Reize sich erst bei genauerem Hinsehen erschlossen.

Die Betrachtung der Stadt ausschließlich aus dem Frankfurter Blickwinkel ist schon deshalb falsch, weil die Geschichte Offenbachs vollkommen andere Wege genommen hat. 1556 machte Graf Reinhard von Ysenburg-

Büdingen den Ort, der damals etwa 100 Häuser und 500 Einwohner zählte, zu seiner Residenz. Als repräsentativen Wohnsitz ließ er das Isenburger Schloß am Mainufer bauen, dessen in dieser Umgebung überraschende Renaissancearchitektur in rotem Sandstein nahezu unverändert erhalten ist. Vom Schloß strahlt der ursprüngliche Stadtkern aus. Wenige historische Bauten erzählen in Stichworten fast die ganze Geschichte Offenbachs.

Stadtansicht von 1855

Da sind zunächst die Kirchen: Die evangelische Stadtkirche, die Französisch-reformierte Kirche und der Turmstumpf der reformierten Schloßkirche. Die Isenburger wandten sich schon früh der Reformation zu. 1546 wurde das lutherische Bekenntnis eingeführt, 1596 das calvinistische. Gegen Ende des 17. Jahrhunderts kamen verfolgte Glaubensbrüder aus Frankreich, Hugenotten und Waldenser. Sie erhielten mit der Französisch-reformierten Kirche ein eigenes Gotteshaus. Der wirtschaftliche Aufschwung, den die Stadt mit der Ankunft der Flüchtlinge nahm, war so groß, daß es bald zur offiziellen Regierungspolitik wurde, Glaubensflüchtlinge in Offenbach aufzunehmen. Weitere Protestanten kamen in die Stadt, außerdem Juden. Die 1916 gebaute Synagoge an der Goethestraße, Nachfolger verschiedener Vorgängergebäude, dient heute als Theater.

Nur wenige Schritte sind es bis zum Büsing-Palais: Ein Herrensitz wie aus dem Bilderbuch. Die Bauherren des um 1780 entstandenen neobarocken Wohnsitzes, der ursprünglich nur aus dem heutigen Hauptgebäude bestand, waren allerdings weder adlig noch von uraltem Geschlecht: Peter Bernard betrieb eine Tabakfabrik, Johann Georg d'Orville gehörte einer Bankiersfamilie an. Seine Nichte Lilli Schönemann verlebte mit dem jungen Johann Wolfgang von Goethe in Offenbach eine verliebte Saison. An das Paar erinnert im benachbarten Lilipark der Lilitempel, der allerdings erst rund 30 Jahre später entstand. Außerhalb des engeren Stadtkerns nimmt Offenbach das Flair einer großbürgerlichen Stadt des 19. Jahrhunderts an: Villen aus der zweiten Hälfte des Jahrhunderts zieren einen Teil der Frankfurter Straße und das Viertel um die Tulpenhofstraße, aus einer Grünanlage grüßt ein Toilettenhäuschen im Stil eines Schweizer Chalets. Auch hier finden sich Spuren der industriellen Tradition Offenbachs: Im Dreieichpark, 1879 Stätte einer großen hessischen Gewerbeausstellung, stehen seit dieser Zeit exotisch anmutende Betonobjekte, die den Nutzen des damals neuen Baustoffs vor Augen führen sollten.

Eine Stadt lebt auch durch ihre kulturellen Einrichtungen, und da braucht sich Offenbach wahrhaftig nicht zu verstecken: Mit dem Deutschen Ledermuseum und dem Deutschen Schuhmuseum, dem Klingspor-Museum und dem liebevoll gestalteten Stadtmuseum verfügt es über eine Museumslandschaft, die es in dieser Spezialisierung nur hier gibt.

Vergleichbares aus der Region:

Ein vergleichender Besuch in der großen Nachbarstadt Frankfurt bietet sich an. Als Zufluchtsort von Glaubensflüchtlingen steht Offenbach in einer Tradition mit Neu-Isenburg und Mörfelden-Walldorf.

Touristische Tips:

Die Offenbacher Stadtteile Bürgel und Rumpenheim haben ihren dörflichen Charme bewahrt und sind beliebte Ausflugsziele. Rumpenheim wird besonders wegen des landgräflichen bzw. großherzoglichen Schlosses inmitten eines weitläufigen Parks besucht.

Information:

Offenbach-Information, Stadthof 17, 63065 Offenbach, Telefon 069/8065-2052

Würzburg en miniature: Die Schönborns in Heusenstamm

Bruchsal, Meersburg, Bamberg und vor allem Würzburg sind Städte, die man mit dem Namen Schönborn verbindet. Die kunstsinnige Familie hat ihnen ihren Stempel aufgedrückt. Wer durch das Frankenland reist, stößt allenthalben auf ihr Wappen, einen goldenen Löwen vor rotem Hintergrund auf einem Dreizack schreitend. Aber auch in Südhessen gibt es eine kleine Schönborn-Residenz: Heusenstamm – Würzburg en miniature.

Die Schönborns sind keine fränkische Familie. Ihre Heimat ist das mittlere Lahngebiet, wo ein kleiner Ort nahe Diez ihnen den Namen gab. Dort saßen sie mindestens seit dem 14. Jahrhundert als unbedeutende Dienstleute der Grafen von Nassau, Katzenelnbogen und anderer mächtiger Herren. Nichts deutete darauf hin, daß es der Familie einmal gelingen würde, die wichtigsten Bistümer des Deutschen Reiches gleichzeitig und über Generationen zu besetzen. Erst Friedrich Georg von Schönborn machte Anfang des 17. Jahrhunderts von sich reden. Als Chorherr in mehreren Mainzer Stiften, Domkapitular und Amtmann in Bingen sammelte er ein beträchtliches Vermögen zusammen. Als er 1640 starb, erbten seine Verwandten Johann Philipp und Philipp Erwein. Mit ihnen begann der rasante Aufstieg der Familie: Johann Philipp brachte es zum Bischof von Würzburg, Erzbischof von Mainz und Bischof von Worms – gleichzeitig. Philipp Erwein blieb eine weltliche Karriere vorbehalten. Er wurde kurmainzischer Amtmann in Steinheim, und er war es auch der den Besitz Heusenstamm für die Familie erwarb – für 27.800 Gulden.

Wie alle Mitglieder seiner Familie war Philipp Erwein vom „bauwurmb“ befallen. Deshalb ging er als erstes daran, sich in der neu erworbenen Herrschaft eine standesgemäße Residenz zu schaffen. Geplant war eine quadratische, vierflügelige Wasserburganlage mit Ecktürmen um einen

Daten aus der Geschichte:

1211: Erste urkundliche Erwähnung von Heusenstamm.

1618–1648: Dreißigjähriger Krieg.

1661: Die Herren von Heusenstamm verkaufen ihren Besitz an Philipp Erwein von Schönborn.

1717: Franz Anselm von Schönborn erbt die Herrschaft Heusenstamm.

1720–1744: Balthasar Neumann baut im Auftrag der Fürstbischöfe Johann Philipp Franz und Friedrich Karl von Schönborn die Würzburger Residenz.

1739: Baubeginn an der Pfarrkirche St. Cäcilia und St. Barbara nach Plänen Neumanns.

1756–1763: Siebenjähriger Krieg. Heusenstamm wird in dieser Zeit von französischen Truppen besetzt.

1789: Französische Revolution.

1806: Heusenstamm verliert seine Selbständigkeit und fällt an das Fürstentum Isenburg.

1816: Heusenstamm wird hessisch.

Vergleichbares aus der Region:

Lampertheim stand im 18. Jahrhundert ebenfalls unter schönbornscher Verwaltung. Bischof Franz Georg von Worms ließ dort ein kleines Jagdhaus erbauen. In Mainz erinnert der Schönborner Hof an die Bauwut der Familie.

Touristische Tips:

Schloß Schönborn ist heute Sitz der Stadtverwaltung und daher zugänglich

Die alte Wasserburg ist im Zweiten Weltkrieg stark zerstört worden. Erhalten blieb der sogenannte Bannturm.

Die katholische Pfarrkirche besticht durch ihr schlichtes Äußeres. Die Deckenfresken im Innern stammen von Thomas Scheffler, der Hochaltar wurde vermutlich nach Plänen Baltahsar Neumanns gestaltet.

Die Friedhofskapelle zum Heiligen Kreuz stammt aus dem Anfang des 18. Jahrhunderts und besitzt schöne Stukkaturen.

Heusenstamms Altstadt besitzt einige schöne Fachwerkhäuser, darunter das stattliche Gasthaus „Zum Goldenen Löwen“.

Außerhalb von Heusenstamm liegt das Hofgut Patershausen. Im 9. Jahrhundert wurde es als Nebenkloster der Abtei Lorsch gegründet. Es wird noch heute landwirtschaftlich genutzt.

Blick vom Park auf Schloß Heusenstamm

Binnenhof. Tatsächlich wurde jedoch nur die Vorderfront fertiggestellt.

Philipp Erwein ließ es mit dem Bau einer standesgemäßen Residenz jedoch nicht bewenden. Mit der Gründung einer Fayence-Manufaktur förderte er den Wohlstand in Heusenstamm, außerdem trug sein Bauprojekt dazu bei, tüchtige Künstler und Handwerker herbeizulocken.

Anselm Franz von Schönborn, der 1717 die Herrschaft antrat, tat sich zunächst unter dem legendären Prinzen Eugen als General gegen die Türken hervor. Mit dieser weltlichen Laufbahn war er in seiner Generation fast schon eine Ausnahme, denn seine Brüder besetzten in dieser Zeit die Bischofsstühle von Würzburg, Bamberg, Speyer, Konstanz, Trier und Worms und besaßen Pfründen in einem halben Dutzend Domkapitel.

In Heusenstamm ließ Franz Anselm vor dem Schloß einen großen Lustgarten nach französischem Vorbild anlegen – mit Alleen, Teichen und einer Orangerie. Zu den Pflichten seiner Untertanen gehörte es fortan, zweimal im Jahr die Pflanzen der Orangerie hinein- oder hinauszuschleppen.

St. Cäcilia, die schönste Barockkirche Hessens

Als Franz Anselm 1726 überraschend starb – er war erst 45 Jahre alt – hinterließ er seiner Witwe Maria Theresia eine Menge Geldsorgen und Ärger. Doch die tatkräftige Reichsgräfin von Montfort ließ sich nicht einschüchtern. Ihr verdankt Heusenstamm sein Prunkstück, die katholische Pfarrkirche St. Cäcilia und St. Barbara. Maria Theresia gab sie 1739 als Grabeskirche und Ersatz für die zu klein gewordene Pfarrkirche in Auftrag. Die Pläne zeichnete kein geringerer als Balthasar Neumann, der als Baumeister bereits für die bischöflichen Brüder Franz Anselms tätig war. Auf diese Weise kam Heusenstamm zur wohl schönsten Barockkirche Hessens.

Information:

Stadtverwaltung Heusenstamm, Im Herrngarten 1, 63150 Heusenstamm, Telefon 06104/6070

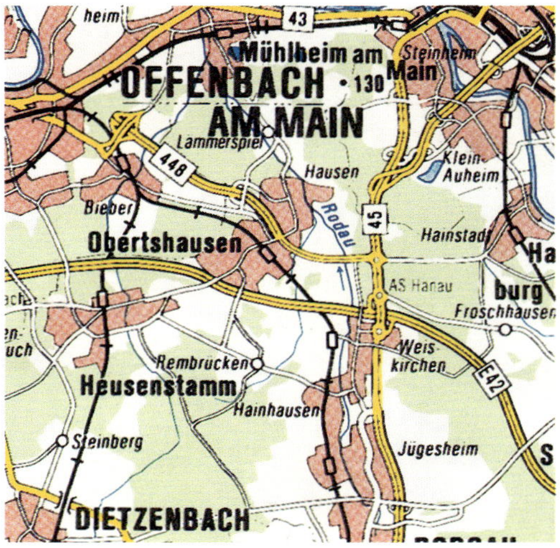

Franz I. zu Erbach-Erbach, der Elfenbeingraf

Aufklärung und Absolutismus

Ludwig XIV., der französische Sonnenkönig, faßte seine Stellung in einem knappen Satz zusammen: „L'Etat, c'est moi" - „Der Staat bin ich". Der König war das Zentrum des Staates.
Dieser Staatsform, dem Absolutismus, steht die gleichzeitige geistige Bewegung der Aufklärung entgegen, die ihre Wurzeln bezeichnenderweise in dem nach Unabhängigkeit strebenden Bürgertum hat. Immanuel Kant, der große Philosoph aus Königsberg, definierte die Aufklärung als den „Ausgang des Menschen aus seiner selbstverschuldeten Unmündigkeit". Ihre Gedanken bereiteten der Demokratie den Weg. Volkssouveränität, Gewaltenteilung und das Recht der Minderheit zur Opposition sind Begriffe dieser Zeit.

Daten aus der Geschichte:

12. Jhdt: Die „Schenken von Erbach" bauen als Vögte des Klosters Lorsch ihre Herrschaft in der Michelstädter Mark aus.

14. Jhdt.: Rund um eine spätromanische Wasserburg entsteht in Erbach eine Burgmannensiedlung, das sogenannte „Städtel".

1321: Erbach wird Stadt.

1544: Die Grafschaft Erbach wird evangelisch.

1747–1750: Neubau Schloß- und Hofkirche: bedeutendster evangelischer Kirchenbau südlich des Mains.

1783: Franz I. zu Erbach-Erbach führt die Elfenbeinschnitzerei im Odenwald ein, um die Lebensbedingungen seiner Untertanen zu verbessern.

1806: Die Herrschaft Erbach fällt an das Großherzogtum Hessen-Darmstadt.

1892: Gründung der „Großherzoglichen Fachschule für Elfenbeinschnitzerei und verwandte Gewerbe".

Weißes Gold bringt Wohlstand in den Odenwald: Die Elfenbeinschnitzerei

Der Odenwald im ausgehenden 18. Jahrhundert: In den kleinen, oft abgelegenen Dörfern fristen viele Menschen ein ärmliches Dasein. Mit der Herstellung von einfachen Gebrauchsgegenständen aus Horn verdienen sie sich ein kärgliches Zubrot. Da ist es gut, daß ihr Grundherr ein aufgeklärter Regent ist. Franz I., Graf zu Erbach-Erbach, sinnt darauf, wie er die Lebensbedingungen seiner Untertanen verbessern kann – und beschert ihnen eine Kunst, die im Odenwald bis heute heimisch geblieben ist.
Wie viele Adlige seiner Zeit verbringt der Graf einen Teil seiner Jugend in fernen Ländern. Der Aufenthalt an fremden Fürstenhöfen soll der Vorbereitung auf die spätere Regierungsverantwortung dienen. Auf seinen Reisen kommt Franz I. in Kontakt mit Elfenbeinschnitzern und erlernt die Kunst des Drechselns. Damit steht er in der Tradition gekrönter Häupter: Schon Kaiser Maximilian I. (1459–1519), der „letzte Ritter", besaß eine Kunstdrechselbank.
Elfenbein erfreut sich als Werkstoff seit der Spätantike im Abendland wie im gesamten Mittelmeerraum großer Beliebtheit. Mit Bernstein, Gold, Silber und Edelsteinen wird es zu wertvollen Kunstwerken kombiniert.
Als Franz I. zu Erbach-Erbach sich dem Material zuwendet, schwindet die Begeisterung bereits. 1707 entdeckt Johann Friedrich Böttger in Dresden per Zufall das Geheimnis des Porzellans. Das „weiße Gold", das bislang aus China importiert werden mußte, ermöglicht nun die Serienproduktion und beherrscht deshalb bald den europäischen Markt. Weil die künstlerischen Möglichkeiten sich gleichen, arbeiten viele Elfenbeinschnitzer fortan auch als Porzellanmodellierer oder wechseln gänzlich das Handwerk.
All dies ficht Franz I. nicht an. In seiner Werkstatt im Erbacher Schloß entstehen Dosen, Leuchter und allerlei andere Gegenstände aus Elfenbein. Sie dienen seinen Untertanen als Vorbilder für eigene Arbeiten und bezeugen noch heute die Kunstfertigkeit des „Elfenbeingrafen". 1783 wird die

Blick auf Orangerie und Schloß

Erbacher Drechslerzunft gegründet – und ihr Obermeister ist niemand anderes als Graf Franz I. In Erbach, im nahen Michelstadt und auch in den Dörfern der Umgebung macht das Beispiel des Grafen rasch Schule, wird die Elfenbeinschnitzerei zum gern geübten Handwerk. Jagdbroschen – Gruppen von Hirschen oder anderen Waldtieren in feines Laubwerk eingefaßt – werden zu einer Odenwälder Spezialität, die im In- und Ausland nachgefragt wird. Eigentliches Symbol der Erbacher Schnitzer aber wird eine Blume – die „Erbacher Rose".

So ist es geblieben, auch wenn heute nur noch eine Handvoll von Künstlern dieses Handwerk ausübt. Doch die „Fachschule für Holz und Elfenbein" bildet noch immer künstlerischen Nachwuchs aus, und wer durch Erbach oder Michelstadt spaziert, stößt immer wieder auf Geschäfte, die das „weiße Gold" verkaufen. Auch das aus Gründen des Artenschutzes 1989 verhängte Welthandelsverbot für Elfenbein bedroht das Handwerk nicht. Die Odenwälder Kunsthandwerker wenden sich nun verstärkt verwandten Materialien zu – der Steinnuß und vor allem dem Elfenbein der vor 10000 Jahren ausgestorbenen Mammuts.

Die Erbacher Rose

Sage:

Mindestens ein Erbacher Graf wird auch mit Zauberei in Verbindung gebracht. Dieser Graf soll einen Kanzlei-Direktor beschäftigt haben, der sich rühmte, Tote wie Lebendige herbeizitieren zu können. Um ihn auf die Probe zu stellen, verlangte der Graf von ihm, einen Jäger herbeizuzitieren, der einmal in erbachischen Diensten gestanden hatte und jetzt in Lothringen lebte. Um jegliches Täuschungsmanöver zu unterbinden, ließ der Graf alle Ein- und Ausgänge des Schlosses besetzen. Tatsächlich ging nach einigem Hokus-Pokus die Tür auf, und der Jäger spazierte herein. Der mißtrauische Graf freute sich zwar, den Jäger wiederzusehen, traute seinem Kanzlei-Direktor aber nicht recht. Deshalb schrieb er nach Lothringen und erkundigte sich nach dem Befinden des Jägers. Die Antwort des Jägers: Es gehe ihm gut, nur an diesem und jenem Tag, zu der und der Stunde, sei er im Wald ganz plötzlich vom Schlaf übermannt worden und habe eine Stunde wie bewußtlos dagelegen. Datum und Uhrzeit stimmten genau mit dem Zauber-Experiment im Erbacher Schloß überein.

Touristische Tips:

Erbach liegt an der Deutschen Fachwerkstraße.
Das Deutsche Elfenbeinmuseum (Otto-Glenz-Straße 1) zeigt Elfenbeinschnitzereien aus verschiedenen Jahrhunderten und unterschiedlichen Kulturkreisen. Besucher können Elfenbeinschnitzern bei der Arbeit zuschauen.
Von der mittelalterlichen Burg ist nur der mächtige Bergfried erhalten. An der Stelle des gotischen Wohngebäudes entstand im 18. Jahrhundert ein dreigeschossiger Schloßbau mit 20 Achsen und Mansarddach. Im Schloß befinden sich die gräflichen Sammlungen und ein afrikanisches Jagdmuseum.
An das Schloß grenzt das Städtel, die ehemalige Burgmannensiedlung mit zahlreichen Fachwerkhäusern, in denen früher die Hofbeamten wohnten. Ältestes Gebäude ist das „Tempelhaus", ein mittelalterlicher Wohnturm.
Entlang des Flüßchens Mümling erstreckt sich ein ehemaliger Lustgarten mit Orangerie. Auf der anderen Flußseite steht die Schloßmühle aus dem Jahr 1723, die im 19. Jahrhundert zum Marstall umgebaut wurde.
Das zweiflüglige Rathaus vor den Toren des Städtel stammt aus dem Jahr 1545.

Information:

Verkehrsamt im historischen Rathaus, Marktplatz 1, 64711 Erbach, Telefon 06062/6439

Daten aus der Geschichte:

765: Erste urkundliche Erwähnung von Bensheim.

956: Kaiser Otto I. verleiht Bensheim das Marktrecht.

1320: Der Mainzer Erzbischof Peter von Aspelt bestätigt die Stadtrechte.

1461: Bensheim wird an die Pfalz verpfändet.

1618–1648: Dreißigjähriger Krieg.

1650: Der Erzbischof von Mainz löst die Pfandschaft von 1461 ein; Bensheim geht wieder in seinen Besitz über.

1747: Der Mainzer Erzbischof Carl von Ostein zwingt die Bensheimer, ihre traditionellen Handelsbeziehungen nach Frankfurt und Mannheim aufzugeben und stattdessen die Mainzer Messen zu besuchen.

1802: Bensheim kommt zur Landgrafschaft Hessen-Darmstadt.

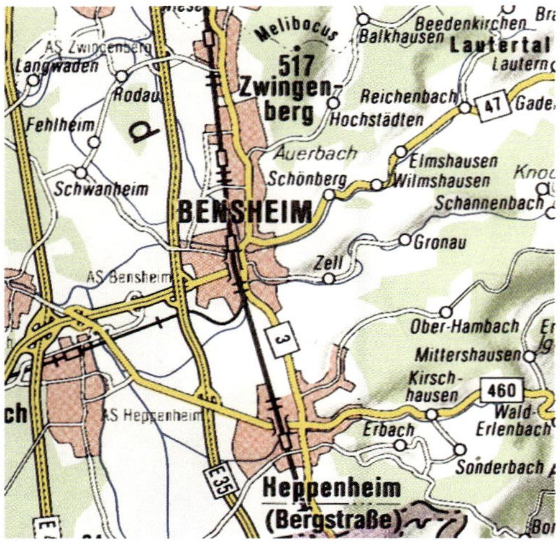

Das schwierige Leben Bensheims mit den Folgen des Dreißigjährigen Kriegs

In vielen Gegenden Deutschlands galt im 17./18. Jahrhundert eine Zeitrechnung, die die Vergangenheit in zwei Abschnitte aufteilte: Vor dem Dreißigjährigen Krieg (1618–1648) und danach. Viele Orte brauchten Jahrhunderte, bis sie sich von den Verwüstungen des Krieges erholt hatten. Am schlimmsten hatten die Dörfer und Städte gelitten, die an häufig benutzten Durchgangsstraßen lagen.

Bensheims günstige Verkehrslage an der Bergstraße, die der Stadt vorher Reichtum eingebracht hatte, erwies sich nun als großer Nachteil. Vor dem Krieg wohnten dort etwa 3.000 Menschen, nach dem Krieg zählte man 1656 nur noch 1.016 Einwohner. Außerdem gab es einen neuen Stadtherrn, der eigentlich der alte war: Der Erzbischof von Mainz. Er hatte Bensheim und sein Umland 1461 an die Kurpfalz verpfänden müssen und hatte die Pfandschaft 1650 wieder eingelöst.

Der Erzbischof mußte in Bensheim praktisch wieder von vorne anfangen: Viele Häuser standen leer, die Wirtschaft lag am Boden, und noch nicht einmal die Konfession der Bensheimer war die richtige: Als Pfälzer Untertanen hatten sie Protestanten werden müssen. Das zumindest änderte der neue Stadtherr sofort. Er befahl den Einwohnern den Übertritt zum katholischen Glauben. Alles andere ging viel langsamer vonstatten, so daß Bensheim erst im 18. Jahrhundert wieder so etwas wie eine Blütezeit erlebte. Zunächst einmal mußten Menschen her, die die halbleere Stadt wieder bevölkerten. Zu diesem Zweck gestattete der Mainzer Erzbischof die Ansiedlung von Zuzüglern – solange sie katholisch waren. Fremde Sprachen waren nun in Bensheim zu hören, denn die Zuwanderer kamen nicht nur aus den anderen deutschen Territorien, sondern auch aus dem heutigen Belgien, aus den Niederlanden und aus Oberitalien.

Allen Widrigkeiten zum Trotz kam allmählich Schwung in die Sache: Wer damals mit offenen Augen durch die Straßen ging, konnte das vor allen Dingen an den vielen Baustellen bemerken. Gebäude aus dieser Zeit prägen noch heute das Bild der Stadt. Das mittelalterliche Heiliggeist-Hospital wurde erweitert, der ehemalige Lorscher Klosterhof mit einem Neubau in die kurmainzische Amtskellerei verwandelt. Die Domkapitelfaktorei,

Der Rodensteiner Hof in Bensheim

Mittelbrücke mit Brückenheiligen

Wambolter Hof

heute Stadtbibliothek, entstand. Der traditionell in Bensheim reich begüterte Adel kehrte zurück, baute seine Wohnsitze wieder auf oder ganz neu. Aus dieser Zeit stammen der Rodensteiner Hof, der Hohenecker Hof und der Wambolter Hof; der Dalberger Hof wurde ausgebaut. Die Bürger mochten im allgemeinen Bauboom nicht zurückstehen und trugen mit stattlichen Fachwerkhäusern zum neuen Bild der Stadt bei.

Vergleichbares aus der Region:

Heppenheim gehörte ebenfalls zum Kurmainzer Herrschaftsbereich und hatte ein ähnliches Schicksal wie Bensheim. Die Stadt erlebte allerdings nach dem Dreißigjährigen Krieg keinen Bauboom wie Bensheim, verfügt aber über stattliche Gebäude aus anderen Epochen.

Touristische Tips:

Im Bensheimer Stadtteil Auerbach befindet sich das Fürstenlager, in dem sich der hessendarmstädtische Hof im Sommer zur Erholung aufzuhalten pflegte. Über dem Ort erhebt sich die mittelalterliche Burgruine des Auerbacher Schlosses, die im Sommer bewirtschaftet ist. Das Museum der Stadt Bensheim (Am Markt) ist in im Lorscher Klosterhof untergebracht. Der Schwerpunkt der Ausstellung liegt auf dem bürgerlichen Leben im 19. Jahrhundert.

Daten aus der Geschichte:

1742: Geburtsjahr Lichtenbergs.

1756 – 1763: Siebenjähriger Krieg zwischen Preußen auf der einen und Rußland, Frankreich und Österreich auf der anderen Seite.

1776: 13 nordamerikanische Kolonien erklären sich unabhängig vom Mutterland England.

1789: Sturm auf die Pariser Bastille, Beginn der französischen Revolution.

1799: Todesjahr Lichtenbergs.

Sage:

Auf der Oppermannswiesenschneise bei Ober-Ramstadt geht der graue Reiter um. Pferdegetrappel kündigt ihn an. Wenn der Wanderer sich umdreht, sieht er einen grau gekleideten Reiter, der sich rasch nähert. Bald lösen sich Roß und Reiter jedoch im Nebel auf und sind erst wieder sichtbar, wenn sie den Wanderer passiert haben und weiter die Straße entlang traben.

Zitat: „Wenn es der Himmel für nötig und nützlich finden sollte, mich und mein Leben noch einmal neu aufzulegen, so wollte ich ihm einige nicht unnütze Bemerkungen zur neuen Auflage mitteilen, die hauptsächlich die Zeichnung des Porträts und den Plan des Ganzen angehen."(Georg Christoph Lichtenberg).

Der Naturforscher aus dem Odenwald: Georg Christoph Lichtenberg

Am 1. Juli 1742, einem Sonntag, trägt der Pfarrer von Ober-Ramstadt die Geburt seines jüngsten Kindes ins Kirchenbuch seiner Gemeinde ein: „gebohrnes Söhnlein, so gleich wegen Schwachheit von mir getaufft". Der Sprößling erhält den Namen Georg Christoph und entwickelt sich trotz anfänglicher Befürchtungen prächtig.

Der Vater, Johann Conrad Lichtenberg, hatte zu diesem Zeitpunkt schon einige Stufen einer bemerkenswerten Karriere hinter sich. Die Familie begegnet uns in der Geschichte zunächst in den Diensten verschiedener linksrheinischer Adelsgeschlechter und bringt es dann zu Amt und Würden im Worms. Nach der Zerstörung der Stadt 1689 durch die Franzosen im Pfälzischen Erbfolgekrieg zieht es die Lichtenbergs ins Hessische. Johann Conrad Lichtenberg hatte in Gießen Theologie studiert und nebenbei auch Vorlesungen des Mathematikers Johann Georg Liebknecht gehört. Auf dieser Grundlage entwickelte er eigene Überlegungen zur Baukunst und entwarf Pläne. Schon als Pfarrer von Neunkirchen, einem „abgelegenenen, fast ein Viertel des Jahres verschneiten Nest im Odenwald", hatte er sich nicht nur um das Seelenheil seiner Schäfchen, sondern auch um die Restaurierung der alten Wallfahrtskirche bemüht. Lichtenberg erregte die Aufmerksamkeit seines Landesherrn, des Landgrafen Ludwig VIII., und wurde alsbald mit Bauprojekten in der gesamten ehemaligen Obergrafschaft Katzenelnbogen beauftragt. Nebenher machte

Das Geburtshaus von Georg Christoph Lichtenberg, heute Museum

Georg Christoph Lichtenberg

sich Johann Conrad als Dichter von Kantaten einen Namen, zu denen sein Schwager Christoph Graupner die Musik komponierte.
Angesichts solcher Fähigkeiten war es kein Wunder, daß die Familie nicht lange in Ober-Ramstadt blieb. Aus dem kleinen, landwirtschaftlich geprägten Dorf an der Modau wurde Lichtenberg senior 1745 als Pfarrer und später als Superintendent nach Darmstadt berufen. In der Residenzstadt drückte der kleine Georg Christoph die harten Schulbänke des traditionsreichen Pädagogs und ging dann, mit einem Stipendium des Landgrafen versehen, zum Studium nach Göttingen. Die Stadt gehörte damals zum Königreich Hannover und unterstand der britischen Krone. Lichtenberg brachte es bald zum Professor, unterhielt enge Kontakte zum englischen Königshof und wurde einer der führenden Experimentalphysiker und Naturwissenschaftler seiner Zeit. Der Nachwelt ist er jedoch insbesondere durch seine ironisch-geistvollen Gedankensplitter bekannt, die er in den sogenannten „Sudelbüchern“ niederschrieb und mit denen er sich als kritischer Beobachter seiner Zeit und Repräsentant der Aufklärung zeigt. Nach Darmstadt und nach Ober-Ramstadt kehrte er niemals zurück.

Vergleichbares aus der Region:

In Goddelau ist das Geburtshaus eines anderen großen Denkers zu besichtigen – Georg Büchners

Touristische Tips:

Das alte Pfarrhaus von Ober-Ramstadt, Lichtenbergs Geburtshaus, ist heute Museum. Der engagierte Verein für Heimatgeschichte hat dort neben einem Lichtenberg-Kabinett interessante Sammlungen zur Geschichte der Region ausgestellt. Sehenswert ist beispielsweise die Schau, die an den Fahrzeugbauer Hans Gustav Röhr erinnert. Röhr baute vor dem Zweiten Weltkrieg in Ober-Ramstadt Autos, zu seinen Konstrukteuren zählte Ferdinand Porsche.

In Ober-Ramstadt lohnt ein Spaziergang entlang der Modau. Die historische Hammermühle (heute Restaurant und städtisches Gebäude) ist ein Beispiel für die zahlreichen Mühlen, die früher entlang des wasserreichen Flüßchens standen. Einige von ihnen sind noch immer in Betrieb und können am Deutschen Mühlentag (Pfingstmontag jeden Jahres) besichtigt werden.

Kirchenbauten Johann Conrad Lichtenbergs gibt es unter anderem in Roßdorf, Gundernhausen und in Neunkirchen, dem höchstgelegenen Dorf des hessischen Odenwalds. Dort lohnt sich ein Besuch – Neunkirchen ist ein beliebtes Ausflugsziel und bietet sich als Ausgangspunkt für Wanderungen an. In schneereichen Wintern ist dort Wintersport möglich; der einzige Skilift weit und breit befördert die Sportler den Hang hinauf.

Information:

Stadtverwaltung Ober-Ramstadt,
64372 Ober-Ramstadt, Telefon 06154/7020

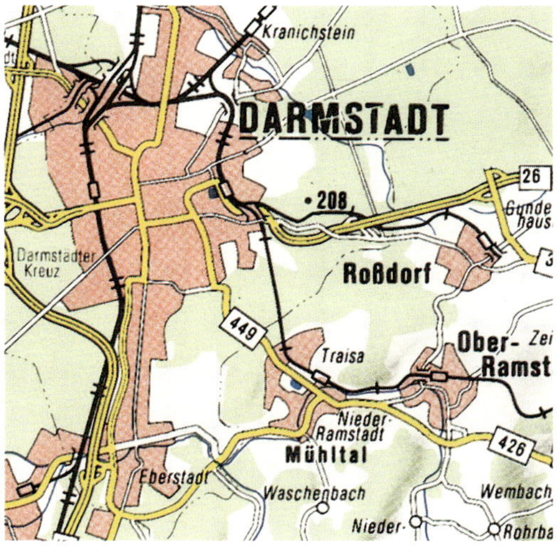

Großherzog Ludewig I. und seine Gemahlin Luise

Eine Landschaft im Umbruch: Südhessen zu Beginn des 19. Jahrhunderts

Das ausgehende 18. Jahrhundert brachte für Südhessen neue Gefahren. Unversehens war die Region deutsches Grenzgebiet geworden, denn die Revolutionsarmeen Frankreichs hatten das Land links des Rheins besetzt. Landgraf Ludwig X. von Hessen-Darmstadt hatte sich in der Tradition seines Hauses zunächst auf die Seite des Habsburgers Franz II. geschlagen. Als jedoch immer deutlicher wurde, daß ihm dieses Bündnis keinen Schutz würde gewähren können, ging der Landgraf auf Verhandlungen mit Frankreich ein und nahm am 3. März 1799 eine Neutralitätskonvention an.

Der Reichsdeputationshauptschluß von 1803 brachte dem Landgrafen erhebliche Gewinne. Mehr als 100000 Menschen wurden über Nacht hessen-darmstädtisch. Dennoch widersetzte sich Ludwig anfänglich dem Bündnisangebot Napoleons. Erst nachdem die Franzosen am 7. Januar 1806 Darmstadt besetzt hatten, lenkte er ein und schloß sich dem deutsch-französischen Rheinbund an. Dies brachte ihm den Titel eines Großherzogs und weitere territoriale Gewinne. Die Hoffnung auf Kurhessen erfüllte sich allerdings nicht.

Als Gegenleistung mußte das Land Truppen stellen. Der Blutzoll war hoch: Von 5000 Soldaten, die als Teil der Großen Armee in Rußland kämpften, kehrten nur wenige zurück. Unter dem Eindruck der Völkerschlacht von Leipzig, die für Napoleon mit einer katastrophalen Niederlage endete, löste sich Ludwig Ende 1813 als letzter süddeutscher Fürst aus dem Rheinbund. Durch die Beschlüsse des Wiener Kongresses verlor der Großherzog Besitzungen nördlich des Mains. Als Ausgleich erhielt er das Gebiet um die Städte Mainz, Worms und Alzey – jene Region, die bis heute als Rheinhessen bezeichnet wird.

Daten aus der Geschichte:

1738: Die um 1700 im Roßbacher Tal entdeckte Heilquelle wird gefaßt

1767: Landgraf Ludwig VIII. befiehlt den Ausbau der Anlage.

1790: Unter Ludwig X. beginnt der Ausbau des Fürstenlagers.

1830: Großherzog Ludwig I. stirbt, mit ihm endet die Blütezeit des Fürstenlagers.

Ein „guter Brunnen“

Der Adel zieht aufs Land: Das Fürstenlager bei Bensheim–Auerbach

Wenn die landgräfliche Familie im Sommer der Residenzstadt Darmstadt überdrüssig wurde, ließ der Hof die Kutschen anspannen und übersiedelte an die Bergstraße. Unweit des Dörfchens Auerbach bot das „Fürstenlager“ in einer lieblichen Landschaft Gelegenheit zur Zerstreuung.

Im Roßbacher Tal hatte der Bensheimer Arzt Johann Daniel Heyland im Jahr 1739 eine Quelle mit fettem, rotem Schlamm aufgespürt. Landgraf Ludwig VIII. (1739–1768) gab den Auftrag „von Auerbach an die Quelle einen bequemen Weg zu machen, sie selbst ordentlich und zierlich zu fassen, Alleen anzulegen, die nötigen Gebäude aufzuführen und überhaupt nichts fehlen zu lassen, was die Notwendigkeit an sich und die Bequemlichkeit der Kurgäste erfordern könnte.“ Der Landgraf selbst trank eifrig vom Wasser seiner Quelle und badete auch darin. Der Sohn und Nachfolger Ludwig IX. zog das Leben in Pirmasens der Bergstraße vor, doch seine Frau Caroline, die „Große Landgräfin“, kam oft und gerne

Adliges Leben auf dem Land

ins Fürstenlager. Im Jahr 1777 wurde dort die Hochzeit des Erbprinzen Ludwig mit seiner Kusine Luise gefeiert – das junge Paar verbrachte bis zum Regierungsantritt im Jahr 1790 viel Zeit in Auerbach.
Ludwig X., der spätere Großherzog Ludwig I., war es, der den Ausbau des Fürstenlagers vorantrieb. Zwischen 1790 und 1795 entstanden die meisten der noch heute existierenden Gebäude. Ställe, Wachhäuschen und Gesindehäuser verliehen dem Ensemble bald den Charakter eines Dörfchens und unterschieden es so von anderen fürstlichen Sommerresidenzen.
Parallel zur Erweiterung der Gebäude ging auch der Ausbau des umgebenden Landschaftsparks weiter. Ab 1790 übernahm der Hofgärtner Geiger die systematische Gestaltung der Außenanlagen. Als oberstes Gestaltungsprinzip verfolgte er die Erhaltung einer natürlichen, reizvollen Landschaft, die von Alleen erschlossen und durch einzelne Schmuckplätze verfeinert werden sollte. Bestandteil des Fürstenlagers war eine Obstbaumschule „am Auerbach“, deren veredelte Gehölze verkauft wurden. Anekdote am Rande: Im Jahr 1805 waren die Bäume noch so niedrig, daß man vom Herrenhaus in Auerbach aus den Rhein sehen konnte. Als der Landgraf zu einer Allianz der deutschen Fürsten gegen Napoleon überredet werden sollte, zeigte Ludwig seinem Gast vom Herrenhaus den nahen Fluß, an dem französische Truppen standen. Ein Jahr später schloß sich der Landgraf dem Kaiser der Franzosen an.

Vergleichbares aus der Region:

Der Park Rosenhöhe in Darmstadt und Schloß Heiligenberg bei Jugenheim dienten ebenfalls als fürstliche Sommerresidenzen.

Touristische Tips:

Auf einem Bergkegel über dem Ort erhebt sich die Ruine des Auerbacher Schlosses, der bedeutendsten Burgruine an der Bergstraße. Die Burg wurde zu Anfang des 13. Jahrhunderts von den Grafen von Katzenelnbogen erbaut.

Information:

Kur- und Verkehrsverein, Darmstädter Straße 166, 64625 Bensheim, Telefon 06251/78400

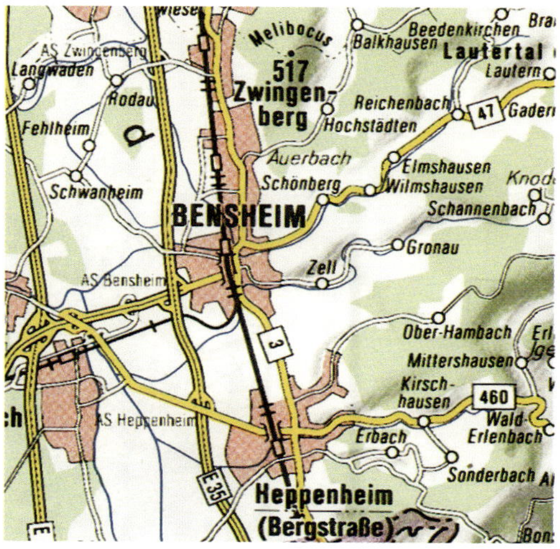

Daten aus der Geschichte:

1252: Konrad II. Reiz zu Breuberg läßt auf dem Felsen eine Burg bauen.

1662: Die Herren von Frankenstein verkaufen Burg und Besitz an die Landgrafen von Hessen.

1765: Die Landgrafen richten auf der Burg ein Forsthaus ein.

1818: Mary Shelley schreibt nach einem Besuch an der Bergstraße ihr Buch „Frankenstein".

1893: Wesentliche Teile der Burgruine werden restauriert, die beiden Türme erhalten ihr heutiges Aussehen.

Sage:

Im Dorf unterhalb der Burg hatte sich einst ein fürchterlicher Drache niedergelassen, ausgerechnet neben dem einzigen Brunnen weit und breit. Täglich mußte dem Untier ein Schaf oder ein Rind überlassen werden. Nur solange der Drache fraß, konnten die Menschen aus dem Brunnen Wasser schöpfen. Da machte sich der Ritter Georg von Frankenstein auf, den Drachen zu töten. Nach langem Kampf gelang es ihm, dem Untier den Kopf abzuhauen. Als er aber den zuckenden Leib mit seiner Lanze durchbohren wollte, stach ihm der Drache die Schwanzspitze in die ungeschützte Kniekehle. Weil der Drache giftig war, starb der Ritter an der Verwundung, sein Grabstein in der Nieder-Beerbacher Kirche zeigt ihn mit dem besiegten Monstrum.

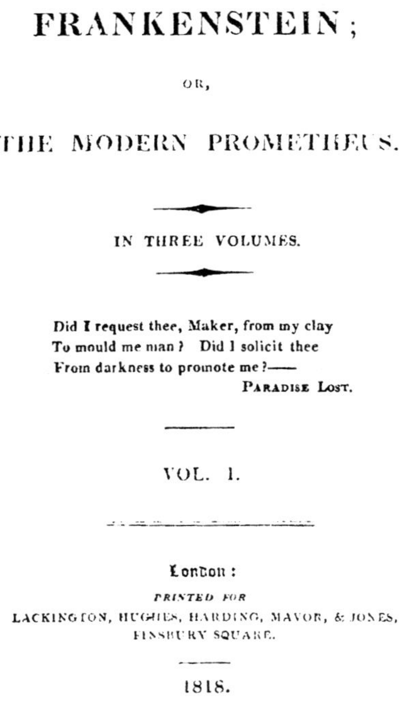
FRANKENSTEIN;

OR,

THE MODERN PROMETHEUS.

IN THREE VOLUMES.

Did I request thee, Maker, from my clay
To mould me man? Did I solicit thee
From darkness to promote me?——
PARADISE LOST.

VOL. I.

London:
PRINTED FOR
LACKINGTON, HUGHES, HARDING, MAVOR, & JONES,
FINSBURY SQUARE.

1818.

Titelblatt der Erstausgabe

Nicht nur zum Gruseln: Burg Frankenstein

In den Kellergewölben eines alten Hauses geschieht Schauriges: Ein Mann setzt aus Leichenteilen einen Körper zusammen und haucht ihm neues Leben ein. Das Ergebnis ist ein abgrundtief häßliches Wesen, das bösartig und gewalttätig wird, weil jedermann bei seinem Anblick voller Schrecken flieht. Deshalb erklärt sich sein Schöpfer schließlich bereit, dem Monster eine Partnerin zu erschaffen. Doch kurz vor der Vollendung zerstört der Mann voller Abscheu sein Werk, weshalb das Monster fürchterliche Rache schwört. Auf hoher See im hohen Norden treffen die beiden ein letztes Mal aufeinander . . .

Der Mann, der der Natur auf so frevelhafte Weise ins Handwerk pfuschen wollte, heißt Frankenstein, und seine Schöpferin ist die 19 Jahre alte Mary Wollstonecraft Shelley. „Frankenstein", noch heute eine der bekanntesten Horrorgeschichten, entstand aus einer Weinlaune heraus. Im Jahr 1816 hielt sich die junge Frau mit ihrem späteren Ehemann Peter Shelley am Genfer See auf. Ihr Nachbar war Lord Byron, der englische Dichter und Romantiker. Eines Abends am Kamin kam ihnen die sehr britische Idee: Schreiben wir doch eine richtig gruselige Geschichte. Zwei Jahre später ist das Werk vollendet: Mary Wollstonecraft und Lord Byrons Leibarzt Polidori (genannt „Polly-Dolly") haben ihrer Phantasie freien Lauf gelassen, und „Frankenstein" wird ein großer Erfolg.

Den Namen für ihren Monstermacher hat Mary Shelley bei einer Reise durch Südhessen aufgelesen. Denn auf der ersten größeren Anhöhe der nördlichen Bergstraße erhebt sich Burg Frankenstein. Als die Shelleys zu Anfang des 19. Jahrhunderts dort Station machen, war sie schon lange Ruine. Über Jahrhunderte jedoch hatten sich die Frankensteiner manchen Strauß mit ihren Nachbarn geliefert. 1252 hatte Konrad II. Reiz zu Breuberg die Anlage auf einem Felssporn anlegen lassen, von dem aus sich sowohl die Bergstraße als auch der Zugang in den vorderen Odenwald kontrollieren ließ. Nach der Burg nannten sich die Nachkommen des Erbauers Herren von Frankenstein. Im 13. Jahrhundert erhielt die Kernburg eine zusätzliche Ringmauer, im Lauf des 15. Jahrhunderts entstand im Norden eine Vorburg, in der 1450 eine spätgotische Kapelle errichtet wurde.

Ansonsten gibt es wenig Besonderes über die Burg zu berichten. Mit den benachbarten Landgrafen von Hessen verband die Herren von Frankenstein vor allem ein Besitzgemenge in Eberstadt, das zu manchen Streitigkeiten führte. Außerdem lag auf der Burg das sogenannte „Eselslehen": Die Frankensteiner hatten die Verpflichtung, einen Esel zu halten, auf dem Frauen, die ihre Männer geschlagen hatten, unter dem Spott der Bevölkerung durch Darmstadt reiten mußten. Der Esel, so sagte man damals, war das geeignete Tier für diese Strafe, weil ein Mann, der sich von seiner Frau schlagen ließ, deutliche Ähnlichkeit mit dem Grautier hatte.

1662 verkauften die Herren von Frankenstein ihren Besitz an die Landgrafen. Die ließen im 18. Jahrhundert ein Forsthaus in der Vorburg einrichten, doch die gesamte Anlage wurde kaum noch benötigt und verfiel deshalb zusehends. Erst im 19. Jahrhundert ging man daran, die Burg zu

Vergleichbares in der Region:

Die dem Frankenstein nächstgelegenen Burgen an der Bergstraße sind das Alsbacher Schloß und das Auerbacher Schloß. Noch etwas weiter südlich erhebt sich oberhalb von Heppenheim die Starkenburg.

Touristische Tips:

Die Burgruine ist vor allem im Sommer beliebtes Ausflugsziel. Von den beiden Türmen oder von der Restaurantterrasse aus reicht der Blick an klaren Tagen weit ins Rheintal und nach Frankfurt.

Information:

Gemeindeverwaltung Mühltal,
Ober-Ramstädter Straße 2-4,
64367 Mühltal, Telefon 06151/14170

Der Turm ist das Wahrzeichen des Frankensteins

restaurieren und den Bestand zu sichern. Als die Amerikaner nach dem Zweiten Weltkrieg nach Südhessen kamen, war ihnen der Name „Frankenstein“ wohlbekannt. In den dreißiger Jahren hatten zwei äußerst erfolgreiche „Frankenstein“-Filme, in denen Boris Karloff das Monster spielte, das Publikum in die Kinos gezogen. In den vierziger und fünfziger Jahren folgten weitere, schwächere Streifen, die eine regelrechte Horrorwelle auslösten. Mit der historischen Burg Frankenstein hatte dies alles überhaupt nichts zu tun. Die Amerikaner jedoch hinderte dies nicht, die Ruine zu besuchen und alsbald für ihre Zwecke zu nutzen. Alljährlich verwandelte sie sich für kurze Zeit tatsächlich in ein Spukschloß: Dort wurde Halloween gefeiert, die Nacht vor Allerheiligen, die nach amerikanischem Brauch mit allerlei Spuk und Unfug begangen wird. Diese Attraktion lockte regelmäßig tausende von jugendlichen Besuchern auf den Frankenstein. Sie hinterließen Unmengen von Müll und ließen nichts unversucht, die Burgruine endgültig zu zerstören. Deshalb wurde das Spektakel vor einigen Jahren verboten. Inzwischen jedoch gibt es erneut Halloween-Feiern auf dem Frankenstein – etwas gemäßigter zwar, aber immer noch schön gruselig. Ob Mary Shelley das geahnt hat?

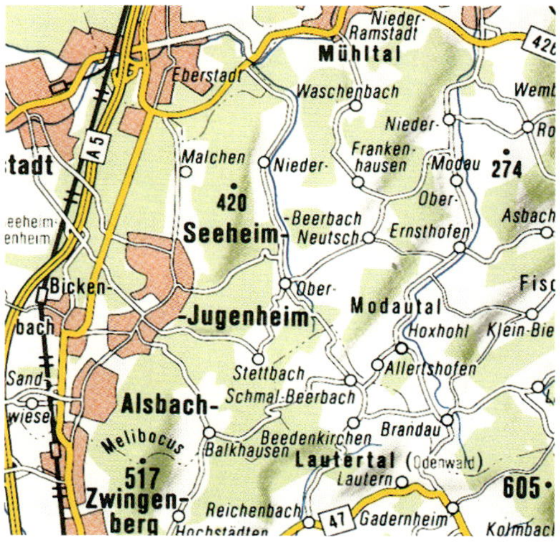

Justus von Liebig (1803–1873)

Chemie ist, wenns knallt und stinkt: Liebig in Heppenheim

In der Dachkammer des Apothekers Pirsch zu Heppenheim hantierte im Herbst des Jahres 1818 ein junger Mann mit diversen Chemikalien. Justus, wie der Fünfzehnjährige hieß, war der Lehrling des Apothekers. Schon zuhause, in Darmstadt, hatte der Junge eine starke Neigung zum Experimentieren bewiesen: Sein Vater betrieb eine Drogerie, und der Sohn beschäftigte sich in seiner Freizeit leidenschaftlich gern mit den Farben, Lacken und anderen Präparaten, die in einem eigenen Laboratorium hergestellt wurden.

Diese Versuche setzte Justus nun auch in Heppenheim fort – und zwar mit durchschlagendem Erfolg. Bei einem Experiment mit Kaliumchlorat kam es zu einer Explosion, die einige Scheiben bersten ließ und ein Loch ins Dach riß. Dieser Knall beendete abrupt die Apothekerlehre des jungen Mannes, aber nicht seine Karriere. Schon 1824 wurde er zum außerordentlichen Professor ernannt, und ein Jahr später erhielt er einen Lehrstuhl an der Universität Gießen. Mit seinen Forschungen schuf er dort die Grundlagen der modernen Chemie: Justus von Liebig.

Liebig wurde am 12. Mai 1803 in der Darmstädter Altstadt geboren. An die Schule schloß sich die Lehrzeit in Heppenheim an, die nach nur zehn Monaten auf so spektakuläre Weise endete. Justus hatte sich in dieser Zeit auch nicht mit seinem künftigen Beruf anfreunden können. Ein Apotheker war zu jener Zeit zwar weit mehr als heute Produzent eigener Arzneien, doch Liebig reichte das Mischen von Pülverchen und Tinkturen nicht aus: Er wollte Chemiker werden. Er selbst schreibt: „Diese zehn Monate genügten aber, um mir eine vollkommene Kenntnis von den tausenderlei Dingen zu verschaffen, die man in einer Apotheke hat, sowie von ihrem Gebrauch und ihren vielerlei Anwendungen."

Nach seiner Rückkehr aus Heppenheim half der Jugendliche im elterlichen Geschäft mit. Seine Fertigkeiten beim Herstellen neuer Farben überzeugten schließlich den Vater. 1820 durfte der Sohn nach Bonn, um dort Chemie zu studieren. Dort erkannte sein Lehrer, der damals sehr bekannte Professor Kastner, rasch die Fähigkeiten des jungen Mannes. Auf seine Fürsprache erhielt Liebig 1822 ein Stipendium für Paris, das damals das Zentrum der modernen Naturwissenschaften war. Alexander von Humboldt, wohl der bedeutendste Naturforscher seiner Zeit, wurde auf ihn aufmerksam und rühmte das talentierte Landeskind in Briefen an Großherzog Ludwig I. von Hessen. Dieser verschaffte dem jungen Gelehrten eine Professur in Gießen. Die kleine Universität war zu dieser Zeit noch

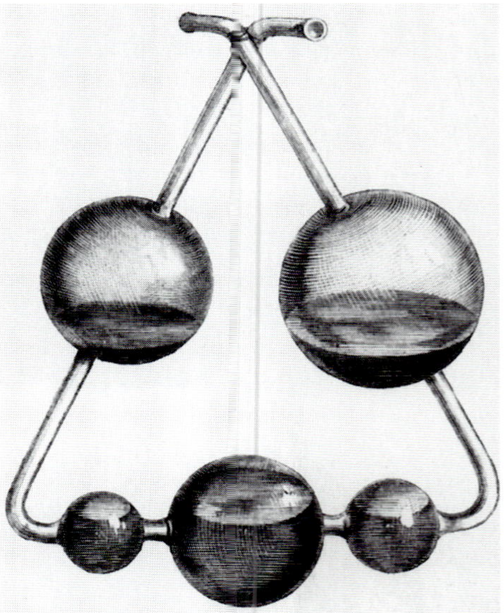

Liebigs berühmter Fünf-Kugel-Apparat

Daten aus der Geschichte:

1803: Justus Liebig wird in Darmstadt geboren. Reichsdeputationshauptschluß: Neuordnung des Heiligen Römischen Reiches Deutscher Nation

1806: Auflösung des Reiches, Gründung des Rheinbunds

1813 – 1815: Befreiungskriege gegen Napoleon

1819: nach vorzeitigem Ende der Schule beginnt Liebig eine Apothekerlehre in Heppenheim.

1820: Liebig geht nach Bonn, um dort Chemie zu studieren.

1824: Großherzog Ludwig I. ernennt den jungen Gelehrten zum Professor an seiner Landesuniversität Gießen. Liebig beginnt mit seinen berühmten Experimentalvorlesungen und legt die Grundlagen der modernen Chemie.

1848: Märzrevolution in Deutschland, Paulskirchenparlament

1852: Berufung Liebigs an die Universität München.

1866: Krieg zwischen Österreich und Preußen

1871: Gründung des deutschen Reiches im Spiegelsaal von Versailles

1873: Justus von Liebig stirbt in München.

weitgehend unbekannt, fast nur Landeskinder kamen zum Studium. Im Wachlokal einer ehemaligen Kaserne, das man ihm zur Verfügung gestellt hatte, hielt Liebig fortan seine Vorlesungen. Sie waren für ihre Zeit revolutionär, denn sie verbanden theoretische Erwägungen mit praktischen Vorführungen. Liebig legte auf diese Weise die Grundlagen des modernen Chemieunterrichts. Sein Fach löste sich auf diese Weise aus der mittelalterlichen Hexenküche und wurde zur exakten Naturwissenschaft.

Das Rathaus am Großen Markt von Heppenheim

Liebigs wohl populärste Erfindung ist bis heute der Fleischextrakt, ein eingedickter und sehr nahrhafter Auszug aus frischem Fleisch, und das Backpulver.

Bis zum seinem Tod am 18. April 1873 in München hielt Liebig Kontakt zu seiner Geburtsstadt Darmstadt. Seinen Freund, den Apotheker Emanuel Merck, regte er dort zur Produktion von Arzneimitteln und Chemikalien in großem Stil an. An seine Lehrzeit an der Bergstraße jedoch erinnerte sich Liebig später ungern. In seiner unvollendeten Selbstbiographie füllen die Heppenheimer Tage nur einige Zeilen – und ihr spektakuläres Ende findet überhaupt keine Erwähnung.

Sage:

Auf der Starkenburg lebte einst ein Herr, der ins Heilige Land ziehen wollte. Seine Frau schwor ihm vor dem Aufbruch ewige Treue. Doch als er nach einigen Jahren nicht zurückgekehrt war und man ihr von seinem Tod berichtete, gab sie dem Werben eines Ritters nach. Aber ihr Mann lebte und kehrte heim. Als er vom Wortbruch seiner Frau erfuhr, verfiel er in Schwermut. Die Frau, die vom dem Geschehen erfuhr, verließ den Ritter, um auf die Burg zurückzukehren. Zur Begegnung mit ihrem Mann legte sie weiße Kleider an, wie einst zur Hochzeit. Den Burgherrn, der krank aus dem Heiligen Land zurückgekehrt war, regte ihr Anblick so auf, daß er bald darauf starb. Seine Frau aber lebte noch lange Jahre und büßte für ihr Tun. Viele Menschen aus den umliegenden Dörfern wollen sie auf der Burg oder in den Wäldern gesehen haben. Niemand kann berichten, daß sie jemandem Böses zugefügt habe, aber auch niemand vermochte sie bisher zu erlösen.

Touristische Tips:

Der Große Markt ist von wunderschönen Fachwerkhäusern umrahmt.
Oberhalb der Stadt erhebt sich die Starkenburg. An klaren Tagen reicht der Blick bis weit ins Rheintal nach Worms und Speyer.
Der Kurmainzer Amtshof (Amtsgasse 5) aus dem 13. Jahrhundert beherbergt ein Volkskunde-Museum.
Die katholische Pfarrkirche St. Peter, auch Bergstraßendom genannt, ist wesentlich jünger als es scheint. Sie stammt aus dem Jahr 1900, lohnt aber dennoch einen Besuch.
An der Ludwigstraße steht das historische Gasthaus „Halber Mond", das viele berühmte Persönlichkeiten beherbergte.

Information:

Verkehrsbüro, Großer Markt 3,
64646 Heppenheim, Telefon 06252/13171

Daten aus der Geschichte:

1827: Erbgroßherzogin Wilhelmine kauft den Heiligenberg und läßt ihn zu einer Sommerresidenz ausbauen.

1840: Heirat der Prinzessin Marie von Hessen mit dem russischen Zarewitsch Alexander.

1851: Hochzeit des Prinzen Alexander von Hessen mit Julie von Hauke. Das Paar läßt sich auf dem Heiligenberg nieder.

1848: Revolution in Deutschland, Paulskirchenparlament

1866: Krieg zwischen Preußen und Österreich. Darmstadt wird von den Preußen besetzt, der Heiligenberg von den Truppen aber verschont.

1873: Kaiser Wilhelm I. besucht den Heiligenberg

1880: Zarin Maria Alexandrowna stirbt

Sage:

Nur wenige Meter von Schloß Heiligenberg entfernt stand im Mittelalter ein Nonnenkloster. In manchen Nächten erscheint dort ein langer Zug von Nonnen, die mit Kerzen in den Händen singend um den Berg ziehen. Außerdem soll vom Kloster ein unterirdischer Gang nach Jugenheim führen. Sein Ausgang im Dorf wird manchmal von einem großen Hund bewacht.

„Russenzeiten“ an der Bergstraße: Hoher Besuch auf Schloß Heiligenberg

Allerhöchste politische Bedeutung haben Darmstadt und sein großherzogliches Haus nie erlangt. Doch die Familie unterhielt stets enge Beziehungen zu den führenden Herrscherhäusern Europas. In den Sommerresidenzen der Familie hielt sich häufig hoher Besuch auf – besonders auf Schloß Heiligenberg in Jugenheim.

1827 kauft die Erbgroßherzogin Wilhelmine dort ein landwirtschaftliches Anwesen und läßt es zu einer fürstlichen Sommerresidenz ausbauen. Wilhelmine und ihr Mann Ludwig II. haben vier Kinder, die beiden jüngeren, Marie und Alexander, verleben auf dem Heiligenberg unbeschwerte Jugendjahre.

1839 kommt der russische Zarewitsch Alexander nach Darmstadt. Er verliebt sich Hals über Kopf in die junge Prinzessin Marie. Ein Jahr später kommt Zar Nikolaus I. nach Darmstadt, um die Hochzeit festzumachen. Marie zieht nach St. Petersburg, ihr Bruder begleitet sie und tritt in die russische Armee ein. In den nächsten Jahren kommen die beiden Geschwister gern auf den Heiligenberg zurück.

In St. Petersburg verliebt sich Alexander in Julie von Hauke, eine Hofdame seiner Schwester. Doch der Zar ist gegen die nicht standesgemäße Verbindung, so daß die Verliebten schließlich vom Zarenhof fliehen. Am 28. Oktober 1851 werden sie in Breslau heimlich getraut. Zar Nikolaus ist verärgert und entläßt den Prinzen aus der kaiserlichen Armee. Das Paar läßt sich auf dem Heiligenberg nieder. Alexander muß für seine Nachkommen auf die Thronfolge in Darmstadt verzichten, dafür verleiht der Großherzog der Familie einen neuen Namen: Battenberg.

Die Verstimmung am Zarenhof ist nicht von langer Dauer. 1857 kommen Zar Alexander II. und seine Frau Marie zu Besuch. Die Zarin möchte den Ort ihrer Kindheit und natürlich den Bruder wiedersehen. Prinz Alexander steht inzwischen in österreichischen Diensten.

Ausfahrt des Prinzen Alexander von Schloß Heiligenberg

Schloß Heiligenberg

Diesem ersten Besuch folgen bald weitere, denn die Zarin hängt an ihrer Heimat. Schon 1864 ist der kaiserliche Hof wieder an der Bergstraße zu Gast. Die Aufenthalte der Zarenfamilie dienen nicht allein der Erholung: Alexander II. nutzt das diplomatische Talent seines Schwagers. 1857 vermittelt dieser ein Treffen zwischen dem Zaren und Napoleon III., dem Kaiser der Franzosen. Es bleibt erfolglos, und bald darauf bricht der Krieg zwischen Österreich und Frankreich aus, bei dem es um die italienischen Besitzungen der Donaumonarchie geht. Prinz Alexander zeichnet sich in den Schlachten durch hohe persönliche Tapferkeit aus.

Jugenheim sieht auch in den folgenden Jahren immer wieder illustre Gäste. 1871 und 1873 stattet Kaiser Wilhelm I. der kleinen Bergstraßengemeinde einen Besuch ab. Zu dieser Zeit hält sich auch der Zarenhof dort auf. Jugenheim steht im Mittelpunkt des europäischen Hochadels. Auch die Kinder von Alexander und Julie spielen hier eine wichtige Rolle. Prinz Alexander wird 1878 die Krone Bulgariens angetragen. Er nimmt an, wird aber 1886 von aufständischen Offizieren gefangengesetzt und muß abdanken. Prinz Ludwig von Battenberg macht in der englischen Marine Karriere und bringt es bis zum Ersten Seelord. 1917, im Ersten Weltkrieg, ändert er seinen Familiennamen: Mountbatten. Sein Enkel ist Prinz Philipp, Gemahl der englischen Königin Elisabeth II.

1879 kommt die Zarin Marie ein letztes Mal nach Jugenheim, ein Jahr später stirbt sie in St. Petersburg. Ihr Bruder, Prinz Alexander, stirbt Ende 1888. 1895 folgt ihm seine Frau Julie – die „Russenzeiten“ auf dem Heiligenberg sind damit vorüber.

Das „Goldene Kreuz“

Vergleichbares aus der Region:

Großherzogliche Sommerresidenzen sind ebenfalls das Fürstenlager in Bensheim-Auerbach und die Darmstädter Rosenhöhe.

Touristische Tips:

Etliche herrschaftliche Gebäude im alten Kern von Jugenheim zeugen noch immer vom Charme des einstigen Kurortes.

Der Heiligenberg selbst eignet sich vorzüglich für Spaziergänge. Unweit vom Schloß markiert ein Goldenes Kreuz den Lieblingsplatz der Großherzogin Wilhelmine. Dahinter erhebt sich das Mausoleum für Alexander und Julie von Battenberg. Davor steht ein mächtiger Baum. Es ist die viele hundert Jahre alte Zentlinde. Die Ruine des ehemaligen Klosters ist romantisierend wiederhergestellt worden. An der alten Gemarkungsgrenze zwischen Jugenheim und Balkhausen steht die Kaiserbuche. Das Schild erinnert an eine Wanderung, die die Zarenfamilie und ihre Gastgeber am 14. September 1864 dorthin unternommen haben.

Von Jugenheim aus ist es nicht weit zum Alsbacher Schloß und zum jüdischen Friedhof von Alsbach, einem der bedeutendsten in der Gegend.

In jedem Fall lohnt sich auch ein Ausflug ins Stettbacher Tal, das mit seinem schmalen Zuschnitt einige romantische Perspektiven bietet.

Information:

Gemeindeverwaltung, Schulstraße 12, 64342 Seeheim-Jugenheim, Telefon 06257/8609-0

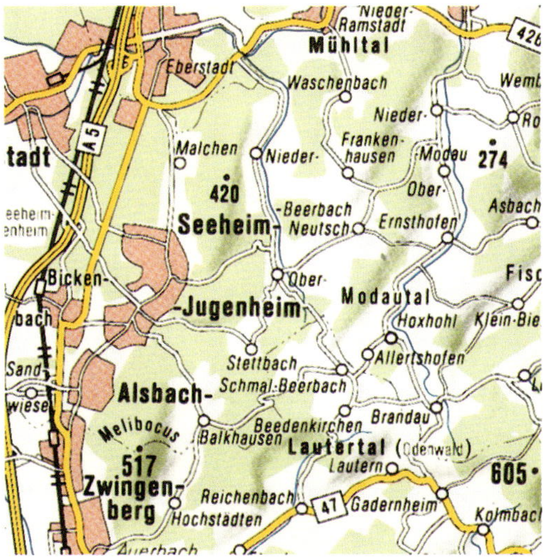

Parkanlage

Daten aus der Geschichte:

1778: Aus einer Weinwirtschaft wird die Schildwirtschaft „Zur Krone“.

1860: Die „Krone“ wird zum Hotel ausgebaut.

1861–1888: Wilhelm I., zunächst preußischer König, ab 1871 deutscher Kaiser.

1861–1862: Die Darmstädter Industriellenfamilie Merck baut in Jugenheim drei Villen; andere Familien folgen ihrem Vorbild, auch in den anderen Orten an der Bergstraße.

1871: Gründung des Deutschen Reichs in Versailles.

1886: Die „Krone“ wird umgebaut und erhält ihre heutige, dreistöckige Gestalt.

1888–1918: Kaiser Wilhelm II.

1909: In der „Krone“ wird elektrisches Licht installiert.

1912: Eine Zentralheizung wird eingebaut.

1913: Bau einer Musikhalle im Garten.

1914–1918: Erster Weltkrieg.

1920: Verkauf der „Krone“ an den Volksstaat Hessen.

1929: „Schwarzer Freitag“, Weltwirtschaftskrise.

1939–1945: Zweiter Weltkrieg.

1949: Wiedereröffnung der „Krone“ als Hotel.

1962: Umwandlung in ein Studentenwohnheim.

Die Bergstraße kommt im 19. Jahrhundert bei Touristen in Mode

Im 19. Jahrhundert erlebten die Dörfer an der Bergstraße eine Invasion: Die ersten Touristen hatten die malerische Landschaft mit Blick auf den Odenwald entdeckt. Sie kamen vom landgräflichen beziehungsweise großherzoglichen Hof in Darmstadt: Der Landgraf, später der Großherzog und seine Verwandtschaft nahmen in den warmen Monaten häufig Quartier im eigens dafür angelegten Fürstenlager in Bensheim-Auerbach oder auf Schloß Heiligenberg in Seeheim-Jugenheim. Dort empfingen sie auch Besucher, deren Zahl oft die der Unterbringungsmöglichkeiten überschritt. Sie mußten in den benachbarten Dörfern untergebracht werden, häufig in Privatquartieren. Durch sie verbreitete sich die Kunde von der Schönheit der Bergstraße, immer mehr Gäste fanden im Sommer den Weg ins Vorland des Odenwalds. Beherbergungs- und Baugewerbe boomten: Hotels und Pensionen schossen aus dem Boden; mancheiner ließ sich gar für seinen Sommeraufenthalt gleich eine Villa bauen. Das erste Haus am Platz war lange Zeit das Hotel „Zur Goldnen Krone“ in Seeheim-Jugenheim, unmittelbar vor dem Eingang zum romantischen Balkhäuser Tal. Zu seinen besten Zeiten hatte das Hotel weit über 100 Zimmer in mehreren Häusern zu bieten. Dahinter schloß sich ein riesiger Park von über 25.000 Quadratmetern Fläche an, der den Gästen alle erdenklichen Annehmlichkeiten bot: Spazierwege, Sitzgelegenheiten, einen Tennisplatz und für die Kinder sogar eine gedeckte Spielhalle mit Schaukel. 20 hoteleigene Pferde pendelten mit Kutschen im Linienverkehr zum Bahnhof oder standen den Gästen für Fahrten in die nähere Umgebung zur Verfügung. 50 bis 60 Hotelbedienstete hielten in der Saison den Betrieb in Schwung. Unmittelbar vor Ausbruch des Ersten Weltkriegs wurden noch große Investitionen getätigt: 1912 erhielt das Hotel Zentralheizung, 1913 wurde im Park eine Musikhalle gebaut. Dort wurden Kurkonzerte gegeben, die

Villa im historistischen Stil in Seeheim

Die Bergstraße ist immer noch beliebtes Ausflugsziel

sich großer Beliebtheit erfreuten. Zwischen den Kriegen und nach dem Zweiten Weltkrieg knüpfte das Hotel noch einmal an die alten, glanzvollen Zeiten an, bevor es in eine Wohnheim für Studentinnen und dann in ein Sanatorium umgewandelt wurde.

Der Fremdenverkehr ließ die Dörfer an der Bergstraße wachsen: Um den historischen Kern legte sich ein Kranz von repräsentativen Villen, von denen viele ursprünglich ausschließlich für den Aufenthalt im Sommer gedacht waren. Von oft beträchtlicher Größe und entsprechender Wirkung, waren die meisten im Stil eines Landhauses gehalten. Fachwerkelemente, weit vorgezogene Dächer und Loggien auf zierlichen Holzsäulen waren ihre Kennzeichen. Die Lage dieser Villen war immer exquisit und erlaubte einen weiten Blick in die Landschaft. In Alsbach-Hähnlein wurde der Schloßberg zu einem bevorzugten Baugrund für diese frühen Ferienhäuser, in Seeheim-Jugenheim war es unter anderem der Hang des Balkhäuser Tals. Die Darmstädter Industriellenfamilie Merck besaß dort gleich drei Villen, die in den Jahren 1861 und 1862 gebaut wurden. Viele andere Großbürger taten es ihnen nach und ließen sich dabei den einen oder anderen Nebenverdienst nicht entgehen: Wenn sie die Villa nicht selbst nutzten, wurde sie an zahlende Gäste vermietet.

Sage:

Im alten Seeheimer Schulhaus lebte einmal ein Lehrer, der ein seltsames Erlebnis hatte. Jede Nacht erschien an seinem Bett ein schönes weißes Kind und winkte ihm. Punkt Mitternacht verschwand es wieder durch das Schlüsselloch der Tür. Auf den Rat des Pfarrers hin folgte der Lehrer eines Nachts dem Kind zum Herd in der Küche. Als er am anderen Tag dort nachgrub, fand er das Gerippe eines kleinen Kindes. Er begrub es auf dem Friedhof. Seitdem war sein Schlaf ungestört. Außerdem ruhte ein Segen auf allem, was er tat, und er starb als wohlhabender Mann.

Vergleichbares aus der Region:

In manchen Gegenden des Odenwalds setzte der Tourismus ähnlich früh wie an der Bergstraße ein. Zu nennen sind hier etwa die Neunkircher Höhe oder die Gegend um Grasellenbach, wo die Gäste auf den Spuren der Nibelungensage wandelten und das Gebiet außerdem zu einem der ersten Wintersportgebiete in der Region machten.

Touristische Tips:

Als Keimzellen des frühen Tourismus lohnen Schloß Heiligenberg in Seeheim-Jugenheim und das Fürstenlager in Bensheim-Auerbach eine Besichtigung.

Information:

Fremdenverkehrsverband Odenwald, Bergstraße, Neckartal e.V., Marktplatz 1, 64720 Michelstadt, Telefon 06061/666
Gemeindeverwaltung Seeheim-Jugenheim, Schulstraße 12, 64342 Seeheim-Jugenheim, Telefon 06257/8609-10

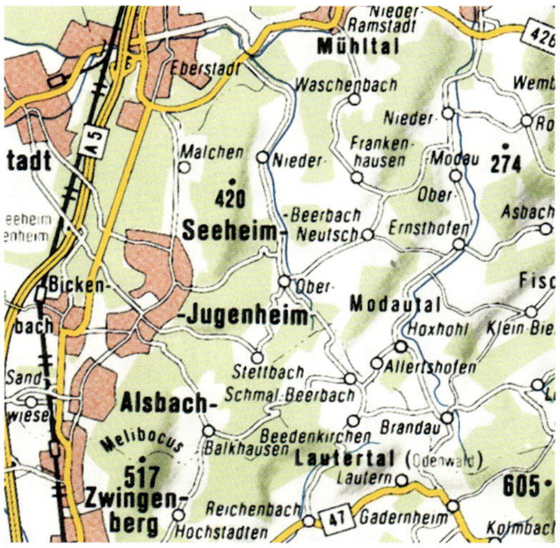

Adam Opel (1837–1895)

Daten aus der Geschichte:

1437: Stadtrechte.

2. Hälfte des 15. Jahrhunderts: Bau der Festung.

1689: Zerstörung der Festung durch die Franzosen.

1790–92: Bau der Pfarrkirche.

1850–55: Anlage des Stadtparks als englischer Park.

1862: Adam Opel beginnt mit der Produktion von Nähmaschinen.

1868: Umzug der Firma in ein erstes Fabrikgebäude.

1898/99: Aufnahme der Automobilproduktion.

1929: Verkauf des Unternehmens an General Motors.

1954: Der Wiederaufbau der kriegszerstörten Werksanlagen ist abgeschlossen.

Südhessen im Zeitalter der Industrialisierung

Politisch war das Großherzogtum Hessen in der zweiten Hälfte des 19. Jahrhunderts eher reaktionär geprägt: 1852 wurde nach Preußischem Muster das Drei-Klassen-Wahlrecht eingeführt, daß die begüterten Schichten begünstigte. Wirtschaftlich jedoch war der Staat auf der Höhe seiner Zeit. Bereits 1834 wurde mit Baden und Frankfurt ein Staatsvertrag geschlossen, auf dessen Grundlage in den folgenden Jahrzehnten ein dichtes Eisenbahnnetz geknüpft wurde. Damit war eine wesentliche Grundlage für die Industrialisierung gelegt, die in den folgenden Jahrzehnten stetig voranschritt. An der Londoner Weltausstellung von 1851 nahmen 74 Firmen aus dem Großherzogtum teil. In Darmstadt bezog die Firma E. Merck in den fünfziger Jahren ein neues, gleichwohl noch bescheidenes Gelände, und in Rüsselsheim begann der Schlosser Adam Opel mit der Produktion von Nähmaschinen. 1868 wurde das erste Fabrikgebäude errichtet. Nähmaschinen und Fahrräder waren erfolgreiche Opel-Produkte lange bevor 1898 der Automobilbau begonnen wurde. Eine wichtige Voraussetzung für den wirtschaftlichen Fortschritt war eine bessere Ausbildung der Landeskinder. Der hessen-darmstädtische Landtag beschloß deshalb 1868 die Umwandlung der Darmstädter Gewerbeschule zur polytechnischen Schule – Vorläufer der späteren Technischen Hochschule. Die Jahrhundertwende wurde so von wirtschaftlicher Entwicklung geprägt. Zugleich wurde Darmstadt aber auch ein Zentrum des Jugendstil, denn Großherzog Ernst Ludwig war ein Förderer der Künste.

Rüsselsheim, die Opelstadt

Rüsselsheim, die Opelstadt: Die beiden Namen gehören zusammen als wären sie Vor- und Nachname eines Menschen. Verläßt ein Reisender den Rüsselsheimer Bahnhof, ist der Name „Opel" das erste, was er sieht. Behäbig zieht sich linker Hand das alte Hauptgebäude des Werks in rotem Klinkerstein hin. Davor steht eine überlebensgroße Statue des Firmengründers Adam Opel (1837–1895), gütig blickend und mit allen Insignien des Großbürgertums angetan: Eleganter Maßanzug, weiter Mantel mit Pelerine, den Hut in der Hand. Die Glatze zeigt an, daß die Figur den Opel-Patriarchen in vorgerücktem Lebensalter darstellt.

In jungen Jahren hätte er sich diese Kleidung wohl auch kaum leisten können. Der Sohn eines Rüsselsheimer Schlossermeisters ging bei seinem Vater in die Lehre. In Paris arbeitete er

So sah Merian Rüsselsheim

Eingang zur Festung

von 1859 bis 1862 in zwei Nähmaschinenfabriken und lernte so die industrielle Produktionsweise kennen. Nach Rüsselsheim zurückgekehrt, begann er in der väterlichen Werkstatt mit der Herstellung von Nähmaschinen. Seine Produkte pries er im „Groß-Gerauer Kreisblatt“ in einer bescheidenen Fünf-Zeilen-Anzeige an: „Adam Opel, Mechaniker in Rüsselsheim, empfiehlt selbstgefertigte Nähmaschienen aller Art, nach der neuesten Konstruktion, zu festen und billigen Preißen.“

Von nun an ging es Schlag auf Schlag: Nach einem halben Jahr war die väterliche Werkstatt bereits zu klein, und Adam Opel richtete sich in einem umgebauten Kuhstall einen eigenen Werkraum ein. Dort standen bereits mehrere Bohr-, Dreh- und Fräsbänke. 1868, nur sechs Jahre nach der Rückkehr Opels aus Paris, wurde das erste Fabrikgebäude gebaut. Bis 1911 stellte die Firma Opel Nähmaschinen her, seit 1866 auch Fahrräder. Dieser Produktionszweig wurde 1937 eingestellt: Die Autoproduktion, 1898 aufgenommen, hatte ihn längst überflügelt. Im selben Rhythmus wie die Produktion anstieg, wuchs auch die Zahl der bei Opel beschäftigten Arbeiter: 1868 waren es 25 bis 40, 1881 wurde das erste Hundert erreicht, 1897 war die Tausender-Grenze überschritten. Um 1910 bildete die Firma Opel direkt oder indirekt die Existenzgrundlage des größten Teils der Rüsselsheimer Bevölkerung. Die Autofabrik hat das Bild der Stadt geprägt. Werkssiedlungen entstanden und machten aus dem großen Bauerndorf eine Kleinstadt.

Die Gleichung „Rüsselsheim, die Opelstadt“ geht allerdings nicht ganz auf. Spuren aus den Jahrhunderten vor der Industrialisierung lassen sich im Stadtbild leicht ausmachen. Am auffälligsten ist wohl die heute noch unbezwingbar wirkende Festung, die die Herren von Katzenelnbogen bereits in der zweiten Hälfte des 15. Jahrhunderts bauten. Ebenfalls kaum zu übersehen ist die Evangelische Pfarrkirche von 1792 mit ihrer in warmen Braun- und Rosatönen gehaltenen Fassade. Der Stadtpark stellt sich als wahres Kleinod heraus: Hinter der Begrenzungsmauer verbirgt sich ein englischer Park mit künstlichen Ruinen im Stil der Romantik. Die Freifrau von Verna, die ihn 1850–1855 anlegen ließ, wohnte in einem kleinen klassizistischen Palais, das unmittelbar an den Park angrenzt.

Vergleichbares aus der Region:

Ginsheim-Gustavsburg erfuhr durch die Firma MAN eine ähnlich frühe und durchgreifende Industrialisierung wie Rüsselsheim.

Touristische Tips:

Das Museum der Stadt Rüsselsheim in der Festung (Hauptmann-Scheuermann-Weg 4) stellt die Geschichte Rüsselsheims von seinen Anfängen bis 1945 dar. Für seine fortschrittliche Konzeption und die besondere Berücksichtigung der Sozialgeschichte wurde dem Museum 1979 der Museumspreis des Europarats verliehen.

Information:

Stadtverwaltung Rüsselsheim, Marktplatz 4, 65428 Rüsselsheim, Telefon 06142/83-0

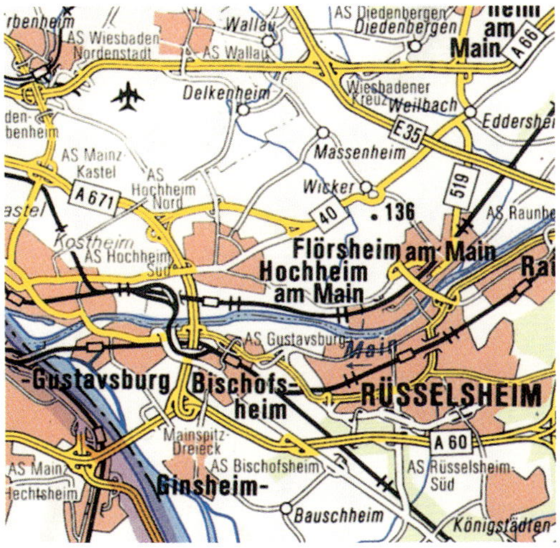

Großherzog Ernst Ludwig

Daten aus der Geschichte:

1891: Großherzog Ludwig IV. stirbt, Nachfolger wird sein Sohn Ernst Ludwig

1900: Weltausstellung in Paris

1905/7: Olbrich baut den Hochzeitsturm auf der Mathildenhöhe

1908: Tod Joseph Maria Olbrichs

1914: Ausbruch des Ersten Weltkriegs

1918: Großherzog Ernst Luwig wird abgesetzt, Hessen wird Republik

Ein Fürst macht Darmstadt zur Kulturstadt: Ernst Ludwig und der Jugendstil

Darmstadt, die kleine beschauliche Residenzstadt, erlebte in den letzten Jahrzehnten des 19. Jahrhunderts ein geradezu atemberaubendes Wachstum. Binnen weniger Jahre wuchs die Einwohnerzahl um mehr als ein Viertel, die Fabriken boomten, neue Wohnviertel schossen aus dem Boden. Großherzog Ernst Ludwig von Hessen, der seit 1891 regierte, sah diese Entwicklung mit Wohlgefallen. Doch seine eigentlichen Interessen lagen woanders: Der Großherzog war ein kunstsinniger Mann mit eigenständigem Geschmack. Überall in Europa forderten Architekten und Künstler die Abkehr vom Historismus der Gründerjahre und die Hinwendung zu neuen Formen. Die Sehnsucht nach Licht, Luft, Sonne und freier Natur brach sich künstlerische Bahn. Mit Begriffen wie Modern Style, Art Nouveau oder Liberty wurde diese Reformbewegung bezeichnet, die auf alle Bereiche des Lebens abzielte. In Ernst Ludwig fand diese Kunst einen überzeugten Förderer, und Darmstadt wurde zu einem Zentrum des Jugendstils.

Bereits 1898 hatte der Großherzog im Neuen Palais, dem Kronprinzensitz, zwei Räume im neuen Stil herrichten lassen. Ein Jahr später rief er sieben junge Maler, Bildhauer und Kunsthandwerker nach Darmstadt, unter ihnen Joseph Maria Olbrich, Peter Behrens, Ludwig Habich, Rudolf Bosselt und Patriz Huber. Der Kopf der Gruppe war Joseph Maria Olbrich. Von ihm stammte die Idee einer Kolonie von Künstlern, die in selbst geschaffenen Häusern um ein gemeinsames „Haus der Arbeit" leben sollten. Für diese Vision stellte Ernst Ludwig den Hofgarten zur Verfügung, der Anfang des 19. Jahrhunderts auf der Mathildenhöhe entstanden war. Schon im März 1900 wurde der Grundstein für das Atelierhaus gelegt. Ein Jahr später, im Mai 1901, wurde dort und in den umliegenden Häusern der Künstler die Ausstellung „Ein Dokument deutscher Kunst" eröffnet, die international für großes Aufsehen sorgte. Wichtigster Ausstellungsteil waren die Häuser selbst, die nach den Vorstellungen der Künstler gebaut worden waren. Noch im gleichen Jahr nahmen Künstler

Das Glückerthaus auf der Mathildenhöhe – außen und innen

Das Peter-Behrens Haus

der Darmstädter Kolonie an der Pariser Weltausstellung teil, und in den folgenden Jahre fanden sie auch auf anderen Ausstellungen große Beachtung. Der finanzielle Erfolg – auf den die neue Kunst wegen ihrer Nähe zum alltäglichen Leben von Anfang an ausgelegt war – blieb jedoch zunächst aus.

Viele der nach Darmstadt gerufenen Künstler kehrten der Kolonie auf der Mathildenhöhe in den folgenden Jahren den Rücken. Andere jedoch kamen hinzu. Für die „Hessische Landesausstellung“ 1907/8 entstand das eigentliche Wahrzeichen der Kolonie. Olbrich entwarf eine auf zwei Stufen in asymmetrischer Bauweise ausgerichtete Ausstellungshalle. An sie schloß sich der Hochzeitsturm an, den die Stadt Darmstadt 1905 zur Vermählung des Großherzogs mit der Prinzessin Eleonore von Solms-Lich in Auftrag gegeben hatte, und dessen Entwurf ebenfalls von Olbrich stammt. In diesen Jahren gehörte die Mathildenhöhe bereits nicht mehr allein den Mitgliedern der Künstlerkolonie. Der Großherzog hatte frühzeitig gestattet, daß auch Vertreter anderer Stilrichtungen dort bauten, beispielsweise Traditionalisten wie Friedrich Pützer, der den Schmuck- und Formenreichtum des Jugendstils ablehnte.

Diese Synthese verschiedener Stilformen war es, die am Ende der Künstlerkolonie stand. Der Tod Olbrichs im Jahr 1908, der Ausbruch des Ersten Weltkriegs 1914 und die Absetzung des Großherzogs 1918 markieren den Niedergang der Künstlerkolonie. Das Stadtbild Darmstadts jedoch beleben ihre Hinterlassenschaften noch heute.

Sage:

Die Vorgänger von Großherzog Ernst Ludwig erhielten in ihrem Schloß in Darmstadt häufig nächtlichen Besuch von einer weißen Frau oder auch von einem kleinen Männlein. Beide bezeichneten sich jeweils als Hüter eines unermeßlich großen Schatzes, der in den Gewölben des Schlosses verborgen liege. Landgraf Ludwig VIII. sowie ein nicht näher genannter kühner Mann sollen sich von den Geistern sogar in das Schatzgewölbe haben führen lassen und den Schatz mit eigenen Augen gesehen haben. Beiden wurde allerdings bedeutet, daß erst der Nachfolger des regierenden Landgrafen den Schatz heben werde – wozu es freilich nie kam.

Touristische Tips:

Das einstige Ausstellungsgebäude der Künstlerkolonie ist heute Ort wechselnder Kunstschauen. Auch das „Ernst-Ludwig-Haus“, das ehemalige Atelierhaus der Mathildenhöhe, ist heute Museum.
Der Hochzeitsturm mit seinen kunstvollen Mosaiken, den Zimmern des Großherzogs und der Großherzogin kann besichtigt werden.
Rund um die Mathildenhöhe stehen noch heute etliche Häuser, die von den Mitgliedern der Künstlerkolonie entworfen wurden.
Durch Bahnlinie und ein Tal von der Mathildenhöhe getrennt liegt die Rosenhöhe. Das Löwentor am Eingang wurde 1914 von Albin Müller und Bernhard Hoetger gestaltet, zwei Mitgliedern der Künstlerkolonie. Im Park Rosenhöhe liegen die Gräber der großherzoglichen Familie, zwei Mausoleen und andere einzelne Bauwerke. Kernstück ist das Rosarium, das 1900 entstand.
Das Landesmuseum besitzt neben vielem anderen auch eine Jugendstilsammlung.

Information:

Verkehrsamt, Luisenplatz 5, 64283 Darmstadt, Telefon 06151/132780 und 132781

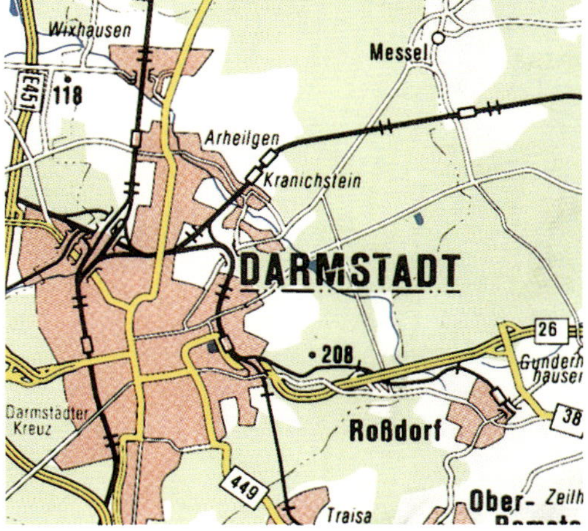

August Euler

Luftkreuz: Bei Darmstadt starten die Pioniere der deutschen Luftfahrt

Der Frankfurter Rhein-Main-Flughafen ist heute unbestritten das Tor Deutschlands in alle Welt. Anfang dieses Jahrhunderts aber sah es eine Zeitlang so aus, als würde Darmstadt zum wichtigsten deutschen Luftfahrtzentrum.

Diese Entwicklung ist untrennbar mit August Euler verbunden, einem der Pioniere der deutschen Luftfahrt. Der Kaufmann und Ingenieur pachtete Ende 1907 westlich von Darmstadt ein Areal, um dort eine Flugzeugfabrik und den ersten deutschen Flugplatz zu gründen. Dort lag der Griesheimer Sand, ein weitläufiges Dünengebiet. Euler war Autodidakt: Als er Anfang 1910 das Internationale Flugzeugführerpatent erwarb, erhielt es die Registriernummer 1 in Deutschland.

Bereits 1909 präsentierte er auf der Internationalen Luftschiffahrt-Ausstellung in Frankfurt mehrere Flugzeuge aus eigener Produktion. Seine ersten Flugversuche allerdings waren eher kläglich. Doch ein Jahr später startete er zu einem Flug von Frankfurt nach Mannheim und stellte im gleichen Jahr mit einer Flugzeit von drei Stunden, sechs Minuten und 18 Sekunden den deutschen Dauerflugrekord auf.

Nach diesem Erfolg nahm die Fliegerei in Deutschland einen rasanten Aufschwung, und am 10. Juni 1912 startete von Griesheim aus der „Gelbe Hund“, das erste Postflugzeug. Eine Woche lang war es zwischen Darmstadt, Worms, Mainz und Frankfurt unterwegs und beförderte in dieser Zeit mehr als 100000 Luftpostkarten. Zu dieser Zeit hatte August Euler seine Flugzeugproduktion bereits nach Frankfurt verlegt. Der Griesheimer Sand blieb dennoch fliegerisches Zentrum. Zu denen, die hier abhoben gehörte Prinz Heinrich, der Bruder Kaiser Wilhelms II.

Im Versailler Vertrag wurde den Deutschen der Motorflug und der Bau von Motorflugzeugen untersagt. Die Franzosen besetzten den Griesheimer Sand. Doch Darmstadt blieb auch weiter ein Zentrum der deutschen Luftfahrt. Während August Euler sich von Anfang an auf den professionellen Flugzeugbau konzentriert hatte, sahen andere Flugpioniere im Fliegen mehr eine sportliche Freizeitbeschäftigung. Gymnasiasten und Hochschüler gründeten 1909 die „Flugsport-Vereinigung Darmstadt“ und verlegten ihre Aktivitäten in die Rhön. Viele von denen, die dort flogen, kehrten nicht aus dem Ersten Weltkrieg heim. Jene, die überlebten, flogen weiter und schlossen sich 1924 zum „Bund Hessischer Flieger – Hessenflieger Darmstadt“ zusammen. Zu dieser Zeit

Daten aus der Geschichte:

um 1900: Die Gebrüder Wright beginnen mit Modellflugversuchen und Gleitflügen

1907: August Euler pachtet den Griesheimer Sand

1914 – 1918: Im Ersten Weltkrieg spielen Flugzeuge erstmals eine militärische Rolle

1926: Die Lufthansa eröffnet von Darmstadt aus den Linienverkehr

1933: Machtergreifung Hitlers

1934: Ende des kommerziellen Luftverkehrs in Darmstadt

Der Flugplatz auf der Darmstädter Lichtwiese

war das Flugverbot der Versailler Vertrages bereits wieder teilweise gelockert worden, und im Juli 1924 richtete die Stadt wieder die „Darmstädter Flugtage“ aus. Weil der Griesheimer Sand besetzt war, diente die Lichtwiese im Osten Darmstadts als Flugfeld. Sie wurde in den folgenden Jahren systematisch zum Flugplatz ausgebaut. Am 12. April 1926 war es soweit: Staatspräsident Carl Ulrich, Oberbürgermeister Wilhelm Glässing und andere Honoratioren schwebten in einer kleinen Maschine vom Typ Junkers ein und eröffneten damit den Linienverkehr der Deutschen Lufthansa. Bald zählte der Flugplan 60 Ziele in Europa auf, von Amsterdam bis Zürich. 9 Stunden dauerte ein Flug nach Budapest, und 159 Reichsmark mußte der Passagier dafür zahlen.

Tower

Acht Jahre währte die Ära Darmstadts als Tor zur Welt. Am 30. September 1934 aber stellte die Lufthansa den Flugverkehr von Darmstadt aus ein. Die Konkurrenz des nahen Rhein-Main-Flughafens hatte sich endgültig durchgesetzt. Der Darmstädter Flugplatz wurde im gleichen Jahr wieder auf den Griesheimer Sand verlegt und diente fortan nur noch Hobbyfliegern und der Technischen Hochschule Darmstadt. Ihr ist es auch zu verdanken, daß Darmstadt seine Bedeutung als Luftfahrtstadt nicht völlig verlor. Bereits 1913 hatte die Hochschule als erste in Deutschland einen Lehrstuhl für Luftfahrt eingerichtet. Wichtiger noch war die akademische Fliegergruppe AKAflieg, die 1921 gegründet wurde und noch heute besteht. 1926 ließ sich auf dem Griesheimer Sand das „Deutsche Forschungsinstitut für Segelflug“ nieder. Die TH förderte diese Unternehmungen: 1935/36 wurde in Griesheim ein eigener Windkanal gebaut, der neue Möglichkeiten der Strömungstechnologie eröffnete. Den Zerstörungen des Krieges entronnen ist er heute Denkmal und zeugt von Darmstadts aeronautischer Vergangenheit.

Gedenkstein

Vergleichbares aus der Region:

Auf dem Rhein-Main-Flughafen startete bis in die dreißiger Jahre der Zeppelin. Die Angestellten der Deutsche Zeppelin-Reederei wohnten in einer Siedlung, die Zeppelinheim genannt wurde. Dort erinnert ein Museum an diese Epoche der Luftfahrt.

Touristische Tips:

In der Landwehrstraße in Darmstadt steht noch ein Relikt aus frühen Luftfahrttagen. Eine Firmenhalle, die ursprünglich als Zeppelinhalle im ostpreußischen Allenstein gedient hatte, wurde hier 1923 aufgebaut.

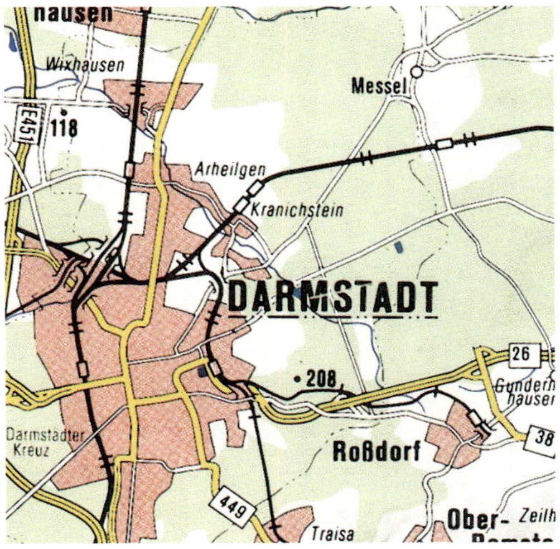

Daten aus der Geschichte:

8.7. 1838: Ferdinand Graf Zeppelin wird in Konstanz geboren.

1848: Revolution in Deutschland.

1871: Gründung des Deutschen Reichs in Versailles.

1888–1918: Kaiser Wilhelm II.

1891: Graf Zeppelin nimmt seinen Abschied vom Militär und widmet sich dem Luftschiffbau.

2.7.1900: Der erste Zeppelin LZ 1 startet.

1908: Mißglückter 24-Stunden-Flug von LZ 4. Das Luftschiff geht in Echterdingen zu Bruch.

1914–1918: Erster Weltkrieg.

1933: Machtübernahme durch die Nationalsozialisten.

8. Juli 1936: Der Rhein-Main-Luftschiffhafen wird eingeweiht.

2. April 1937: In Zeppelinheim wird Richtfest gefeiert.

7. Mai 1937: LZ 129 „Hindenburg" explodiert in Lakehurst (USA). Der Luftschiffbau wird eingestellt.

Leichter als Luft: Eine Siedlung erinnert an die Ära der Zeppeline

Die Beschäftigung mit dem Luftschiffbau war Ferdinand Graf von Zeppelin nicht in die Wiege gelegt worden. Der schwäbische Adlige, 1838 in Konstanz geboren, hatte eine klassische Militärkarriere hinter sich, als er 1891 als württembergischer Offizier seinen Abschied nahm. Von nun an widmete er seine Zeit und seine Energie einem Thema, das damals nur Visionäre ernst nahmen: Der Konstruktion und dem Bau von lenkbaren Luftschiffen. Angeregt worden war er dazu durch einen Vortrag des damaligen Generalpostmeisters Heinrich von Stephan im Jahr 1874 zum Thema „Weltpost und Luftschiffahrt", in dem dieser auf die seiner Ansicht nach überwältigende Bedeutung von Luftschiffen für den Weltverkehr hingewiesen hatte. Pure Zukunftsmusik; denn außer mehr oder weniger phantastischen Modellen von Tüftlern gab es nichts, was auf die baldige Existenz von Luftschiffen hindeutete.

Graf Zeppelin hatte daher auch einigen Spott auszuhalten, als seine Pläne bekannt wurden. Er galt als „Kandidat für das Irrenhaus"; Kaiser Wilhelm II. nannte ihn „den dümmsten Süddeutschen" überhaupt. Der Graf ließ sich nicht beirren: Am 2. Juli 1900 schwebte das erste Luftschiff, LZ 1, über dem Bodensee. Nun ging alles rasend schnell: Schon vor dem Ersten Weltkrieg wurden in zahlreichen deutschen Städten Landeplätze für Zeppeline angelegt oder war ihre Einrichtung geplant. Auch Frankfurt am Main war dabei, damals mit einem Landeplatz am heutigen Rebstockgelände. Nach dem Ersten Weltkrieg erholte sich der Zeppelinbau nur langsam, war aber 1933 bei der Machtübernahme durch die Nationalsozialisten wieder in vollem Schwung. Die neuen Machthaber gedachten sich die Luftschiff-Technologie zunutze zu machen.

1936 wurde der großzügige Rhein-Main-Luftschiffhafen angelegt, weit draußen vor den Toren Frankfurts. Für die rund 120 Mitarbeiter mangelte es zunächst an Wohnraum in der Nähe ihres Arbeitsplatzes. Auf Initiative der Luftschiffkapitäne Hans von Schiller und Ernst Lehmann wurde 1936 das Projekt einer Werkssiedlung ins Leben gerufen. Sie sollte Zeppelinheim heißen und in der Nähe des Forsthauses Mitteldick an der Autobahn Wiesbaden-Würzburg angelegt werden. Mit der Planung wurde Professor Hans Soeder von der Technischen Hochschule Darmstadt beauftragt. Am 2. April 1937 wurde Richtfest gefeiert. Die Planungen sahen rund 100 Wohnungen in fünf Haustypen vor. Die Wohnungsgrößen reichten von 40 bis 85 Quadratmetern. Jedes Haus stand auf einem eigenen Grundstück. Trotzdem wurde großer Wert auf Einheitlichkeit gelegt: Es gab eine einheitliche Firsthöhe; alle Schlafzimmer lagen Richtung Süden oder

Brennender Zeppelin am Landemast in Lakehurst (USA)

Zeppelin-Museum

Osten; eine geplante Verkehrsführung leitete den Verkehr über Einbahnstraßen von der Einfahrt zur Ausfahrt.

Die ersten 90 Familien zogen im Oktober 1937 ein, etwa 325 Menschen folgten wenig später. Was ein freudiges Ereignis hätte sein sollen, war allerdings von Trauer getrübt. Am 7. Mai 1937 war das Luftschiff „Hindenburg" in den USA am Landemast in Lakehurst explodiert. Unter den Toten waren auch manche, die in Zeppelinheim hätten einziehen sollen. Nach dieser Katastrophe wurde der Luftschiffbau ein für allemal eingestellt. Trotzdem wurde Zeppelinheim am 31. Dezember 1937 zur selbständigen Gemeinde ernannt, Hans von Schiller wurde ihr erster Bürgermeister. Der vorgesehene zweite Bauabschnitt wurde allerdings nicht mehr realisiert. Im Mai 1940 wurde der Luftschiff-Hafen gesprengt, das Flugzeug hatte die Luftschiffe endgültig überflügelt. Geblieben ist das Heim der „Zeppeliner" mitten im Wald, das den Zweiten Weltkrieg vollkommen unzerstört überstanden hat. Den amerikanischen Besatzern war das nach 1945 sehr recht: Sie bezogen die Siedlung und gaben sie erst 1954 wieder in deutsche Hände zurück.

Oktober 1937: Die ersten Familien ziehen in Zeppelinheim ein.

31. Dezember 1937: Zeppelinheim wird zur selbständigen Gemeinde ernannt.

6. Mai 1940: Der Rhein-Main-Luftschiffhafen wird gesprengt.

1939–1945: Zweiter Weltkrieg.

1. Oktober 1954: Die nach dem Zweiten Weltkrieg von amerikanischen Besatzungssoldaten bewohnte Siedlung Zeppelinheim wird in deutsche Hände zurückgegeben.

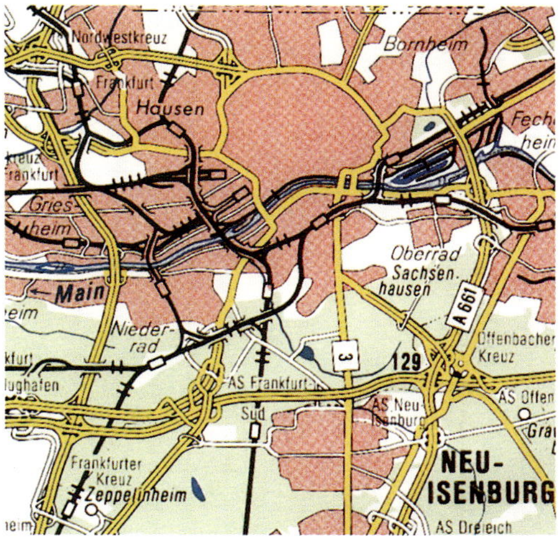

Touristische Tips:

Einen tiefen Einblick in die Geschichte des Zeppelinbaus vermittelt das Zeppelin-Museum in Zeppelinheim (Kapitän-Lehmann-Straße 2). Das 1988 als Anbau an das Bürgerhaus errichtete Gebäude hat den Viertel-Querschnitt eines Zeppelins und vermittelt so einen Eindruck von dessen Größe. Auf 270 Quadratmetern wird in elf Abteilungen mit viel Liebe und didaktischem Geschick die Geschichte des Zeppelinbaus dargestellt. Zeppelinheim ist heute ein Stadtteil von Neu-Isenburg, einer Hugenottengründung. In der im Zweiten Weltkrieg schwer zerstörten Stadt haben sich nicht mehr viele historische Gebäude erhalten. Im Straßennetz ist jedoch immer noch der ursprüngliche Grundriß ablesbar: Vier sich kreuzende Straßen mit Kirche und Rathaus in zentraler Lage.

Information:

Zeppelin-Museum, Kapitän-Lehmann-Straße 2, 63263 Zeppelinheim, Telefon 069/694390

Modell der ersten schwimmenden Luftschiffhalle auf dem Bodensee

Daten aus der Geschichte:

1919: Der Versailler Vertrag beendet den Ersten Weltkrieg formell und regelt die Leistungen, die Deutschland den Siegern gegenüber zu erbringen hat. Die Weimarer Republik wird gegründet.

Ab 1922: Bemühungen im Landtag des Volksstaats Hessen um eine Trockenlegung von Böden im Ried und ein Siedlungsprogramm. Das Vorhaben scheitert.

1929: „Schwarzer Freitag". Weltwirtschaftskrise.

1933: Machtergreifung durch die Nationalsozialisten.

1936: Gründung von Riedrode als „erstes deutsches Erbhofdorf".

1937: Gründung von Allmendfeld und Hessenaue.

Information:

Hessenaue: Gemeindeverwaltung Trebur, Herrngasse 3, 65469 Trebur, Telefon 06147/208-0
Allmendfeld: Stadtverwaltung Gernsheim, Stadthausplatz 1, 64579 Gernsheim, Telefon 06258/108-0
Riedrode: Stadtverwaltung Bürstadt, 68642 Bürstadt, Telefon 06206/701-0

Südhessen unterm Hakenkreuz

Die Ernennung Hitlers zum Reichskanzler am 30. Januar 1933 wurde in Südhessen zunächst mit Versuchen zur Bildung einer antifaschistischen Einheitsfront beantwortet. Sozialdemokraten solidarisierten sich mit dem von der KPD geforderten Generalstreik. Doch am 5. März erzielte die NSDAP bei den Landtagswahlen 47,5 Prozent der Stimmen und legte sich fortan keinerlei Zügel mehr an. Einen Tag später wurde Heinrich Müller in Darmstadt als erster deutscher Reichskommissar eingesetzt und übernahm die Polizeigewalt. Die einzige Sitzung des neuen Landtages am 13. März diente lediglich dazu, der Regierung durch ein Ermächtigungsgesetz umfassende Vollmachten zu verleihen. Wenige Wochen später wurde der NS-Gauleiter Jakob Sprenger offiziell als Reichsstatthalter für Hessen eingesetzt. Bald darauf begann die Säuberung der Verwaltung von mißliebigen Personen und die Gleichschaltung auf allen Ebenen. Darmstadts Funktionen als Hauptstadt wurden eingeschränkt, der Reichsstatthalter residierte lieber in Frankfurt. Im November 1938 brannten auch in Südhessen überall die Synagogen, unter anderen sank die tausendjährige Synagoge von Worms, das damals zu Hessen gehörte, in Schutt und Asche. Die Mitglieder der jüdischen Gemeinden starben in Auschwitz und Theresienstadt, sofern ihnen nicht rechtzeitig die Flucht ins Ausland gelungen war.
Der Zweite Weltkrieg löschte alle größeren Städte in Südhessen aus. Ein Großangriff auf Darmstadt forderte am 11. September 1944 mehr als 12000 Tote und vernichtete die historische Altstadt. Auch Rüsselsheim und Offenbach sind durch die alliierten Luftflotten verwüstet worden.

Gründungsstein in Riedrode

Riedrode, Allmendfeld, Hessenaue und die „Erzeugungsschlacht"

Die „Erzeugungsschlacht" wurde im Dritten Reich auf den heimatlichen Feldern und Äckern geschlagen. Um sie gewinnen zu können, legten die Nationalsozialisten Bauerndörfer an, in denen Landwirte unter den Bedingungen des Reichserbhofgesetzes bisher gar nicht oder schlecht kultivierte Flächen unter den Pflug nehmen sollten. So entstanden in den Jahren 1936 bis 1938 Riedrode, Allmendfeld und Hessenaue, alle im fruchtbaren, aber stellenweise sumpfigen hessischen Ried gelegen. Wie so oft, nahmen die Nationalsozialisten allerdings auch hier ältere Ansätze auf und veränderten sie nach ihren Vorstellungen, um sie anschließend als Erfolg der eigenen Politik und Ideologie auszugeben. Bereits in den zwanziger Jahren gab es intensive Bestrebungen im damaligen Volksstaat Hessen, die fast jährlich vom Rhein und seinen Zuflüssen überschwemmten Gebiete trockenzulegen und für die Landwirtschaft nutzbar zu machen. Zur effizienten Bewirtschaftung des so gewonnenen Landes sah der Plan die Anlage neuer Siedlungen vor. Das Vorhaben scheiterte in der beginnenden

Weltwirtschaftskrise schließlich an finanziellen Problemen und gegensätzlichen Interessen der Beteiligten.

Die Nationalsozialisten glaubten, daß sich unter den Bauern das sogenannte Deutschtum am reinsten erhalten habe und daß es, wo es durch moderne Entwicklungen verschüttet worden war, durch eine Orientierung nach rückwärts wiederhergestellt werden könne. Ein wenig von dieser Ideologie drückt sich in der Architektur und Gesamtanlage der neuen Dörfer aus. Auch hier konnten die Nationalsozialisten an Traditionsstränge anknüpfen, die noch aus der Zeit der Weimarer Republik stammten. Folge dieses ideologischen Überbaus waren Bauernhöfe, die für eine moderne Landwirtschaft nicht geeignet waren und deren Stil zudem auf örtliche Bautraditionen keine Rücksicht nahm. In Riedrode, das 1936 als „erstes deutsches Erbhofdorf“ gegründet wurde, war so alles zu klein geraten: Die Wohnhäuser, die Wirtschaftsgebäude und die Ausstattung der Siedlerstellen mit Äckern. Unterstellmöglichkeiten für landwirtschaftliche Maschinen waren überhaupt nicht vorgesehen.

Bei der Gründung von Allmendfeld und Hessenaue im folgenden Jahr sollte derselbe Fehler nicht noch einmal gemacht werden: Sowohl die Häuser als auch die Gesamtanlage der Siedlungen fielen wesentlich großzügiger aus. Dafür sind beide Dörfer noch heute ohne Mühe von den Nachbardörfern zu unterscheiden. Die Höfe wurden nämlich im alemannischen Stil errichtet, der im Ried bis dahin vollkommen unbekannt gewesen war. Wohnhaus und Stallung befinden sich unter einem Dach, im Gegensatz zu den ortsüblichen Hofreiten, wo die beiden Gebäude immer getrennt sind. Außerdem stehen die Häuser in vollkommen regelmäßigen Abständen an schnurgeraden Straßen – ein Bild, das diese Siedlungen deutlich von den sonst im Ried üblichen Haufendörfern unterscheidet. Nur Riedrode wurde als Haufendorf angelegt. Die so offensichtliche Planung der beiden Siedlungen auf dem Reißbrett hat wohl auch zu dem immer noch umlaufenden Gerücht geführt, die beiden Dörfer seien in Form eines Hakenkreuzes angelegt. Ein Blick auf die Karte zeigt, daß davon nicht die Rede sein kann. Im Sinne der nationalsozialistischen Ideologie erhielten alle drei Dörfer einen zentralen Platz mit einem Rathaus, aber ohne Kirche. Das Rathaus diente nicht nur als Verwaltungssitz, sondern auch als Gemeinschaftshaus.

Rathaus Allmendfeld

Vergleichbares aus der Region:

Der Lampertheimer Stadtteil Rosengarten wurden ebenfalls im Rahmen dieses Siedlungsprogramms von den Nationalsozialisten gegründet.

Touristische Tips:

Das Naturschutzgebiet Kühkopf, auf einer Insel zwischen dem Rhein und einem Altrheinarm gelegen, hat die ursprüngliche Auenlandschaft bewahrt. Die dichte Vegetation und die Tierwelt sind typisch für ständig feuchte oder häufig überschwemmte Gebiete.

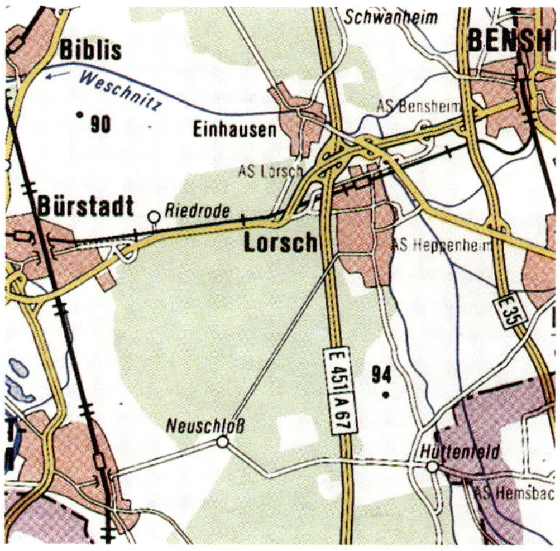

Die Amerikaner kommen

Daten aus der Geschichte:

30. Januar 1933: Adolf Hitler wird zum Reichskanzler ernannt – „Machtergreifung“

9. November 1938: In der sogenannten „Reichskristallnacht“ werden überall in Deutschland Synagogen und andere jüdische Einrichtungen zerstört

1. September 1939: Mit dem Angriff auf Polen beginnt der Zweite Weltkrieg

22. Juni 1941: Überfall auf Rußland

31. Januar 1943: Kapitulation der 6. Deutschen Armee in Stalingrad

6. Juni 1944: Landung der Alliierten in der Normandie

20. Juli 1944: Das Attentat des Grafen Stauffenberg auf Hitler scheiterte

11. September 1944: Ein Bombenangriff zerstört Darmstadt und fordert mehr als 12000 Tote

23. März 1945: Die Amerikaner überqueren bei Oppenheim den Rhein

30. April 1945: Hitler begeht Selbstmord

8. April 1945: Kapitulation des Deutschen Reiches, Kriegsende in Europa

Patton überquert den Rhein: Das Kriegsende in Südhessen

Eine Vorfrühlingsnacht im März 1945: Aus dem geschützten Hafenbecken von Oppenheim lösen sich dunkle Schatten, gleiten lautlos über den Fluß zur anderen Seite. Einer nach dem anderen erreicht das flache sandige Ufer. Aus den Schlauchbooten springen schwerbepackte Gestalten, besetzen die Uferböschung. Als der Morgen graut, haben etwa 4000 Mann den Fluß überquert. Am Abend des 22. März 1945 überqueren Pioniere und Sturmtruppen der Dritten US-Armee den Rhein bei Oppenheim und bilden einen Brückenkopf nördlich des Kühkopf. Der Übergang gelingt fast ohne Verluste. Über Behelfsbrücken und Holzpontons werden Panzer und Artillerie herübergeschafft. Alliierte Truppen stehen auf dem rechten Rheinufer. Binnen weniger Tage stoßen sie nach Darmstadt, Dieburg, Erbach vor.

Der Held jener Tage heißt George S. Patton. Der General ist für die Amerikaner längst eine Legende, denn seine Dritte Armee hat die Deutschen ein ums andere Mal vor sich hergetrieben. Daß der unorthodoxe Haudegen nun fast ohne Verluste den Flußübergang erzwingt – dazu noch einen Tag, bevor dem englischen Konkurrenten Montgomery am Niederrhein Ähnliches gelingt – steigert seinen Ruf nur noch.

Ihren Erfolg verdanken die Amerikaner auch der Schwäche des Gegners. Ihren kampfstarken und gut ausgerüsteten Einheiten steht auf deutscher Seite nur noch eine zusammengewürfelte Truppe gegenüber. Die geschwächten Divisionen sind mit Verwundeten und kaum Genesenen notdürftig aufgefüllt worden. Verstärkung erhalten sie, wenn auch meist nur auf dem Papier, durch den Volkssturm. Alte Männer und Halbwüchsige bilden „das letzte Aufgebot des Führers“.

Dennoch hören die großen und kleinen Führer nicht auf, den Endsieg herbeizureden. Kreisleiter Dr. Schilling hält Mitte März eine von Durchhalteparolen strotzende Rede: „Immer an das haltend, was der Führer gesagt hat, habe jeder einzelne an verantwortlicher Stelle stehende vorbildlich seine Schuldigkeit zu tun und an dem ihm angewiesenen Platz standhaft auszuharren, bis die ihm gestellte Aufgabe erfüllt sei. Jetzt, in ernster Zeit, zeige sich erst, wer ein ganzer Kerl sei... Aus der Idee des Führers schöpften wir immer neue Kraft für den Freiheitskampf unseres Volkes.“

Was jenen blüht, die den Befehlen der Partei nicht mehr folgen, nicht jedes Dorf und jedes Haus zur Festung machen wollen, steht ebenfalls zu lesen. Unter der Überschrift „Feiglinge verfallen dem Tode“ berichtet die „Darmstädter Zeitung“ am 19. März 1945 über das Todesurteil „wegen Feigheit“ gegen Hermann Berndes, Führer eines Ingelheimer Volkssturmbataillons: „Wie andere deutsche Gaue, so ist auch unser Heimatgau Hessen-Nassau in seinen äußersten Grenzbereichen Kampfgebiet geworden. Ganz Deutschland blickt nun auf uns. Wer in der Entscheidungsstunde dem Vaterland das Herz verweigert, der muß ausgestoßen werden.“

So rasch wie der Übergang, so rasch gelingt den Amerikanern auch der Vormarsch nach Südhessen. Panzerkeile dringen vom Kühkopf vor, die

Sieger und Besiegte im zerstörten Bensheim

ersten Riedgemeinden werden noch am 23. März überrollt. Nur hier und da versuchen versprengte Soldaten, SS-Kämpfer oder Hitlerjungen noch, den Feind aufzuhalten.
In den meisten Dörfern werden die US-Soldaten mit weißen Fahnen empfangen. Wo sich Widerstand regt, gibt es Tote, denn die Amerikaner setzen schon bei geringer Gegenwehr zum Schutz ihrer Truppen Artillerie ein oder fordern Jagdbomber an.
Am 25. März 1945, Palmsonntag, rasseln Panzerketten durch Darmstadt. Überall durchsuchen die Sieger Häuser nach deutschen Soldaten oder Nazi-Größen. Hier und da gibt es Plünderungen, vereinzelt auch Vergewaltigungen. In Südhessen ist der Zweite Weltkrieg zu Ende, der Kampf ums Überleben geht weiter.

Vergleichbares aus der Region:

Zur Erinnerung an einen anderen Rheinübergang, den des Schwedenkönigs Gustav Adolf im Dreißigjährigen Krieg, steht bei Erfelden eine Schwedensäule.

Touristische Tips:

Der Kühkopf, umfaßt vom Rhein und einem Altarm des Flusses, ist heute Naturschutzgebiet und Brutzone für viele Vogelarten.

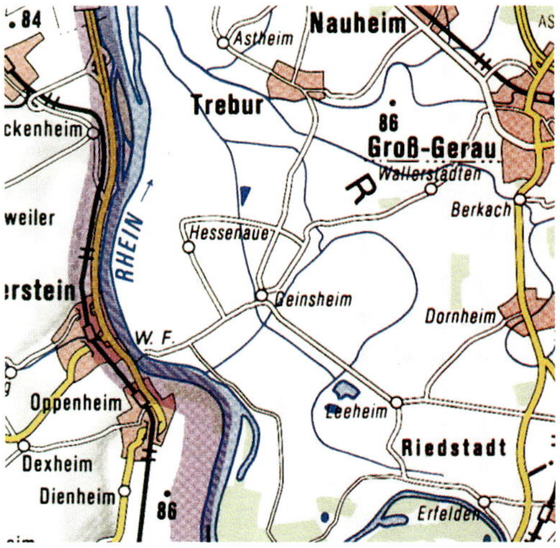

Zeittafel

50 Mill. Jahre v. Chr.
Im Eozän entsteht die spätere Fossilienfundstätte bei Messel

5. Jhtsd. v. Chr.
Spuren der Bandkeramik-Kultur in Südhessen

2000 v. Chr.
Becherkultur, Übergang von der Stein- zur Metallbearbeitung

800–500 v. Chr.
Hallstattzeit

1. Jhdt. v. Chr.
Suebische Siedler verdrängen die eingesessene keltische Bevölkerung in Südhessen

55 v. Chr.
Gaius Julius Caesar überquert den Rhein

90 n. Chr.
Die Römer gründen die Provinz Germania superior mit der Hauptstadt Mainz

1. Jhdt. n. Chr.
Südhessen gerät unter römischen Einfluß

260
Die Alamannen überrennen den Limes

406/407
Wandalen, Alanen und Sueben überqueren den Rhein und beenden die römische Herrschaft in Germanien

6. Jhdt.
Südhessen wird Teil des fränkischen Herrschaftsgebiets

774
Die Kirche des Klosters Lorsch wird in Anwesenheit Karls d. Gr. eingeweiht

800
Karl der Große wird zum Kaiser gekrönt

843
Im Vertrag von Verdun wird das karolingische Reich geteilt. Das Ostfränkische Reich fällt an Ludwig den Deutschen

919
Herzog Heinrich von Sachsen wird zum König gewählt

955
Otto I. besiegt die Ungarn auf dem Lechfeld

962
Otto der Große wird in Rom zum Kaiser gekrönt

1024
Konrad der Ältere wird in Kamba zum König gewählt und begründet die Dynastie der Salier

1076
Ausbruch des Investiturstreits: König Heinrich IV. erklärt Papst Gregor VII. für abgesetzt, der Papst bannt den König

1095
Papst Urban II. ruft zum Kreuzzug und zur Befreiung des Heiligen Lands von den Ungläubigen auf

1188
Kaiser Friedrich Barbarossa hält einen Hoftag in Seligenstadt ab

1232
Das bis dahin selbständige Kloster Lorsch wird dem Erzbischof von Mainz übertragen

1255
Die Familie der Münzenberger stirbt aus. Durch den Erbfall kommt es zu vielfachen Veränderungen der Besitzverhältnisse in Südhessen

1435
Der Maler Hans Memling wird in Seligenstadt geboren

1461
Kloster Lorsch wird an Kurpfalz verpfändet

1479
Die Landgrafen von Hessen erben die Grafschaft Katzenelnbogen

1492
Christoph Columbus entdeckt Amerika

1504
Der Bayerische Erbfolgekrieg zieht auch die Bergstraße in Mitleidenschaft

1517
Martin Luther veröffentlicht seine 95 Thesen, Beginn der Reformation

1518–1567
Landgraf Philipp der Großmütige regiert als letzter über ein ungeteiltes Hessen

1525
Bauernkrieg

1526
Hessen wird evangelisch

1555
Kloster Lorsch wird aufgehoben

1568
Aufteilung der Landgrafschaft Hessen unter die Söhne Philipps des Großmütigen: Es entstehen Hessen-Kassel, Hessen-Darmstadt, Hessen-Rheinfels und Hessen-Marburg

1618–1648
Dreißigjähriger Krieg, an dem die Linien Hessen-Kassel und Hessen-Darmstadt auf verschiedenen Seiten teilnehmen

1631–1632
König Gustav II. Adolf von Schweden greift auf der Seite der Protestanten in den Dreißigjährigen Krieg ein

1689
Im Pfälzischen Erbfolgekrieg zerstören die Franzosen Festungen, Orte und Städte auch in Südhessen

1742–1799
Der Physiker und Schriftsteller Georg Christoph Lichtenberg wird in Ober-Ramstadt geboren, geht in Darmstadt zur Schule und stirbt als Universitätsprofessor in Göttingen

1765–1774
Die „große Landgräfin" Karoline residiert in Darmstadt und sammelt um sich den Kreis der „Empfindsamen"

1776
Die nordamerikanischen Kolonien erklären ihre Unabhängigkeit vom englischen Mutterland

1789
Französische Revolution

1803
Der Reichsdeputationshauptschluß mit der Säkularisierung der geistlichen Stände beschert Hessen-Darmstadt erhebliche territoriale Zugewinne

1803–1873
Justus v. Liebig, gebürtiger Darmstädter, bekannter Chemiker

1806
Landgraf Ludwig schließt sich dem Rheinbund Napoleons an und wird mit der Großherzogswürde und Landgewinn belohnt

1820
Das Großherzogtum Hessen-Darmstadt erhält eine Verfassung

1835
Zwischen Nürnberg und Fürth wird die erste deutsche Eisenbahnlinie eröffnet

1848/1849
Revolution/Sitzung des Paulskirchenparlaments

1866
Im Krieg zwischen Preußen und Österreich steht Hessen-Darmstadt auf der Seite der Habsburgermonarchie

1870/71
Nach dem deutsch-französischen Krieg wird im Spiegelsaal von Versailles das Deutsche Reich proklamiert

1888
Wilhelm II. wird Deutscher Kaiser

1892–1915
Großherzog Ernst Ludwig macht seine Residenzstadt Darmstadt zu einem Zentrum des Jugendstils in Deutschland

1898
Bau des ersten Opel-Autos

1900
Start des ersten Zeppelins

1914–1918
Erster Weltkrieg

1919
Gründung des Volksstaats Hessen; erster Staatspräsident wird Carl Ulrich

1918–1933
Weimarer Republik

1923
Nach einem gescheiterten Putsch wird Hitler auf der Feste Landsberg inhaftiert

1929
Weltwirtschaftskrise

1933
Hitler wird Reichskanzler, Machtergreifung der Nationalsozialisten

1936
Gründung von Riedrode als „erstes deutsches Erbhofdorf"

1937
Explosion des Zeppelins „Hindenburg" am Landemast in Lakehurst (USA)

1939–1945
Zweiter Weltkrieg

1945
Zusammenschluß von Kurhessen, Nassau und Teilen des Volksstaates Hessen zum neuen Land Hessen

1947
Christian Stock wird erster hessischer Ministerpräsident

1949
Gründung von BRD und DDR

1961
Bau der Berliner Mauer

1963
John F. Kennedy wird ermordet

1989
Öffnung der innerdeutschen Grenze

1990
Wiedervereinigung Deutschlands

Literaturhinweise

BAATZ, Dietwulf und HERRMANN, Fritz-Rudolf, Die Römer in Hessen, Stuttgart 1982

BACKES, Magnus Hessen, (= Georg Dehio. Handbuch der Deutschen Kunstdenkmäler. Hessen), Darmstadt 1982

650 JAHRE BEERFELDEN, „Stadt am Berge“, 1328–1978, Festschrift, Beerfelden 1978

BRACHER, Ulrich Gustav Adolf von Schweden. Eine historische Biographie Stuttgart, Berlin, Köln, Mainz 1971

BRÄUER, Elisabeth und Wilhelm METZENDORF Sagen, Erzählungen und Spukgeschichten aus Heppenheim und Umgebung, Heppenheim 1975

DEMANDT, Karl E., Geschichte des Landes Hessen, Kassel ²1980

DIEDERICHS, Ulf und Christian HINZE (Hg.), Hessische Sagen, Düsseldorf, Köln 1978

EBNER, Fritz, Musen wohl, doch auch Politik. Lebensbilder aus Darmstadts Vergangenheit, (=Darmstädter Schriften 50), Darmstadt 1982

FRANZ, Eckhardt G. u.a., Darmstadts Geschichte. Fürstenresidenz und Bürgerstadt im Wandel der Jahrhunderte, Darmstadt 1980

GRÖSCHEL, Claudia und WEBER, Ingrid Parkpflegewerk für den Staatspark Fürstenlager, Auerbach. Grundsätze zur Pflege, Wiederherstellung und langfristigen Erhaltung der historischen Parkanlage als Kulturdenkmal, Bad Homburg v.d.H. 1992

HEYL, Bernd, HEINBACH, Wolfgang, WIRTHWEIN. Heike, Zur Gründungsgeschichte von Allmendfeld, Hessenaue und Riedrode. Lokalstudie zur NS-Agrarpolitik, Groß-Gerau 1988

ITALIAANDER, Rolf. Ferdinand Graf von Zeppelin. Reitergeneral – Diplomat – Luftschiffpionier, Konstanz ²1986

JAEGER, Kurt S., Hessischer Kuriositätenführer, Königstein/Ts. 1981

JAEGER, Kurt S., Reisen und Speisen in Hessen. Touren, Tips und gute Küche, München 1986

JÄHRLING, Werner, Groß-Gerau „Auf Esch“. Römisches Kastell, vicus und Gräberfelder. Führungsblatt zu Kastell und Lagerdorf. Ausgrabungen in den römischen Gräberfeldern 1978–1984, (= Archäologische Denkmäler in Hessen 57), Wiesbaden 1987

KLEBERGER, Elisabeth, Territorialgeschichte des hinteren Odenwalds. (Grafschaft Erbach, Herrschaft Breuberg, Herrschaft Fränkisch-Crumbach), Darmstadt 1958

KNODT, Rudhardt, Die Rodensteiner, Geschichte und Sagen, Fränkisch-Crumbach 1982

KROMM, Hermann, Die Schwedensäule bei Erfelden, Barmen o.J.

KULTURDENKMÄLER IN HESSEN. Landkreis Darmstadt-Dieburg, (Denkmaltopographie der Bundesrepublik Deutschland), Braunschweig, Wiesbaden 1988

KULTURDENKMÄLER IN HESSEN. Kreis Offenbach, (Denkmaltopographie der Bundesrepublik Deutschland), Braunschweig, Wiesbaden 1987

KULTURDENKMÄLER IN HESSEN. Stadt Darmstadt, (Denkmaltopographie der Bundesrepublik Deutschland), Braunschweig, Wiesbaden 1994

KUNZ, Rudolf, Heimatbuch der Gemeinde Alsbach, Alsbach 1970

LICHTENBERG, Spuren einer Familie. Begleitbuch zur Ausstellung vom 27. Juni bis 16. August 1992 in der Stadthalle Ober-Ramstadt. Ober-Ramstadt 1992

MEHLING, Marianne (Hg.), Knaurs Kulturführer in Farbe Hessen, München 1992

PÖSCHEL, Erika, Odenwälder Sagenschatz. Sagen von Odenwald, Bergstraße und Ried, Ober-Ramstadt 1989

PROVAN, John, Die Siedlungen Zeppelindorf - Zeppelinheim, Kelkheim o.J.

REINHOLD-POSTINA, Eva, Jugendstil, Traditionalismus und Heimatliche Bauweise, (=Darmstädter Architekturgeschichte 3), Darmstadt 1991

ROTH, Helmut und WAMERS, Egon, Hessen im Frühmittelalter. Archäologie + Kunst, Sigmaringen 1984

SANTE, Georg Wilhelm (Hg.), Hessen, (= Handbuch der historischen Stätten Deutschlands IV), Stuttgart ³1976

SCHAAL, Stephan und SCHNEIDER, Ulrich Chronik der Grube Messel, Gladenbach 1995

SCHIRMBECK, Peter u.a. (Bearb.), Vom Beginn der Industrialisierung bis 1945, (=Schriften des Museums der Stadt Rüsselsheim 2), Rüsselsheim, ³1988

Die Grafen von Schönborn. Kirchenfürsten – Sammler – Mäzene, Germanisches Nationalmuseum Nürnberg, 18.2.–23.4.1989, Nürnberg 1989

SEIDLER, Peter W. und RÖTH, Markus, Graselenbach. Natur – Kultur – Geschichte, Horb am Neckar 1993

SIEFERT, Kurt, Die mittelalterliche Richtstätte des ehemaligen Gerichtsbezirks Beerfelden, (=Eine Information für unsere Gäste 9) Beerfelden 1984

WEBER, Hans H., Schloß Lichtenberg im Odenwald, (= Schriftenreihe des Museums Schloß Lichtenberg 4), Reinheim o.J.

WEINFURTER, Stefan, Herrschaft und Reich der Salier. Grundlinien einer Umbruchzeit, Sigmaringen 1991